BILL HYBELS

FÜHRUNGS-KRAFT

Bill Hybels ist Gründer und Pastor der Willow Creek Community Church, einer der größten Gemeinden Amerikas in der Nähe von Chicago. Seine Vision von Gemeinde wurde weltweit tausendfach adaptiert. Außerdem hat er zahlreiche Bücher geschrieben, von denen viele zu Bestsellern wurden.

IMPRESSUM

Der Verlag weist ausdrücklich darauf hin, dass im Text enthaltene externe Links nur bis zum Zeitpunkt der Buchveröffentlichung eingesehen werden konnten. Auf spätere Veränderungen hat der Verlag keinerlei Einfluss. Eine Haftung des Verlags für externe Links ist stets ausgeschlossen.

Originally published in the U.S.A. under the title: Leading From Here To There Study Guide
Published by arrangement with The Zondervan Corporation, a subsidiary of HarperCollins Christian Publishing, Inc.
Copyright © 2016 by Willow Creek Community Church
© 2017 der deutschen Ausgabe by Gerth Medien GmbH, Dillerberg 1, 35614 Asslar

Die Bibelstellen wurden den folgenden Übersetzungen entnommen:
Einheitsübersetzung der Heiligen Schrift. © 1980 Katholische Bibelanstalt, Stuttgart.
Hoffnung für alle®, Copyright © 1983, 1996, 2002, 2015 by Biblica Inc.®. Verwendet mit freundlicher Genehmigung von Fontis – Brunnen Basel. Alle weiteren Rechte weltweit vorbehalten. (Hfa)
Lutherbibel, revidierter Text 1984, durchgesehene Ausgabe, © 1999 Deutsche Bibelgesellschaft, Stuttgart. (LÜ)
Neues Leben. Die Bibel © 2002 und 2006 SCM R.Brockhaus im SCM-Verlag GmbH & Co. KG, Witten (NL)
Neue evangelistische Übersetzung. © 2016 by Karl-Heinz Vanheiden. (NGÜ)

1. Auflage 2017
Bestell-Nr. 817183
ISBN 978-3-95734-183-9

Umschlaggestaltung: Hanni Plato
Umschlagillustration: Shutterstock
Satz: Anne Weigel
Druck und Verarbeitung: Print Consult, München

INHALT

LIEBE LESER,

dass Sie ein Buch mit dem Titel „Führungs-Kraft" in die Hand nehmen, verrät mir schon etwas über Sie, das ich bewundere: Sie wollen die Gabe der Leitung, die Gott Ihnen anvertraut hat, weiterentwickeln. Sie sehnen sich danach, ein besserer Leiter zu werden. Das wünsche auch ich mir für Sie, und zwar aus folgendem Grund:

Führen ist wichtig. Ganz gleich, ob Sie eines der einhundert größten Unternehmen der Welt leiten oder eine neu gegründete Firma mit drei Mitarbeitern; eine große Gemeinde mit mehreren Tochtergemeinden oder eine ganz kleine Gemeinde, die die einzige Lichtquelle an Ihrem Ort ist; ein Team von Kreativen oder eine Gruppe von Buchhaltern; ob es ein Projekt, ein Prozess oder jene Gruppe von Personen ist, die Sie Familie nennen – ganz gleich, in welchem Bereich Sie führen, Ihre Führung wird die Zukunft der Menschen verändern, die Sie leiten. Und intelligente, gottesfürchtige, begeisterte Leiter verändern die Zukunft unserer Welt zum Besseren.

Die eigene Leitungsgabe zu entwickeln ist ein lebenslanger Prozess und ich bin bei Weitem noch nicht fertig damit. Aber in den über vierzig Jahren, die ich nun schon als Leiter tätig bin, habe ich ein paar Bereiche entdeckt, an denen jede Führungsperson unbedingt arbeiten muss, ganz gleich, wie weit man auf der eigenen Reise schon gekommen ist. In den DVD-Einheiten zu diesem Buch habe ich mich bemüht, jeden dieser Bereiche auf ganz praktische Weise darzustellen. Dieses Buch, das Sie jetzt in der Hand halten, soll Ihnen helfen, die Anregungen aus den DVD-Einheiten zu verarbeiten und sie gleich morgen in Ihrem Umfeld als Leiter anzuwenden.

Bemühen Sie sich ernsthaft darum, sich als Leiter weiterzuentwickeln – Tag für Tag und mit aller Leidenschaft und Hingabe. Lassen Sie uns gemeinsam Gottes Anliegen in dieser Welt voranbringen.

Ich wünsche Ihnen Gottes Segen

Bill Hybels

Vorsitzender der Willow Creek Association | Leitender Pastor der Willow Creek Community Church Chicago

Willkommen bei „Führungs-Kraft"

Dieses Buch ist Ihr ganz persönlicher Begleiter zur „Führungs-Kraft"-DVD. Es soll Ihnen dabei helfen, Ihr Potenzial als Leiter unter die Lupe zu nehmen und mit anderen gemeinsam zu lernen, die wie Sie als Leiter auf der Reise sind. Und Sie werden mithilfe konkreter Übungen neue Fähigkeiten in die Praxis umsetzen, die besonders auf den Arbeitsplatz oder die Gemeindearbeit abgestimmt sind.

Dieses Buch wurde so gestaltet, dass man in der Gruppe gemeinsame Erfahrungen machen kann. Gleichgültig, ob es sich bei diesen „Arbeitsgruppen" um komplette Führungsteams eines Unternehmens, einer Gemeinde oder Organisation handelt oder ob sie aus Führungskräften verschiedener Abteilungen einer Organisation oder sogar aus unterschiedlichen Organisationen bestehen: Was die Arbeitsgruppe zusammenschweißt, ist der Wunsch jedes Einzelnen, ein besserer Leiter zu werden.

UND SO FUNKTIONIERT'S:

1. Woche	**2.+3. Woche**	**4. Woche**
Gruppentreffen	Praktische Übungen	Und jetzt?
Video & Diskussion		

Es hat sich gezeigt, dass man am besten fünf Gruppentreffen (eines pro DVD-Einheit) im Abstand von jeweils einem Monat festlegt. Auf diese Weise hat man genügend Zeit, um die neu erlernten Fähigkeiten einzuüben und in die Praxis umzusetzen. Wenn die Gruppentreffen im Abstand von einem Monat stattfinden, bleibt Ihnen ebenfalls genug Zeit, sich eine der Übungen in der Rubrik „Praktische Übungen" auszusuchen und die neu erlernte Fähigkeit einzuüben.

Jedes Gruppentreffen sollte etwa 90 Minuten in Anspruch nehmen. Es besteht aus den nachfolgend aufgeführten Komponenten, die Ihnen helfen sollen, die Prinzipien und Methoden aus den einzelnen DVD-Einheiten wirksam einzusetzen:

Zeitlicher Rahmen:
90 Minuten

Ankommen:
15 Minuten

DVD-Einheit:
20 Minuten

Gruppengespräch:
45 Minuten

Meine persönliche Herausforderung:
5 Minuten

Den Sack zubinden:
5 Minuten

GRUPPENTREFFEN

ANKOMMEN

Einheit 1 beginnt mit einer Begrüßung und Einleitung. Bei den Einheiten 2–5 sind die ersten fünf Minuten für ein kurzes Feedback zu den Erfahrungen aus der vorangegangenen Einheit reserviert, in der jeder eine Fähigkeit in die Praxis umsetzen sollte. Diese Zeit des Feedbacks zu den praktischen Erfahrungen aus der letzten Einheit hilft den Gruppenmitgliedern, ihren eigenen Fortschritt zu bewerten und voneinander zu lernen. Wenn Sie Ihre Erfahrungen ausführlicher miteinander besprechen wollen, können Sie diese Feedback-Runde auch auf 30 Minuten ausdehnen. (Dadurch wird das Treffen dann insgesamt eher zwei Stunden dauern.)

DIE DVD

Verwenden Sie die Stichpunkte in diesem Buch zu jeder Einheit, um die wichtigsten Methoden und Prinzipien der DVD festzuhalten. Notieren Sie sich alles, was Ihnen auffällt.

GRUPPENGESPRÄCH

Die Fragen in dieser Rubrik sollen Ihnen helfen, Erkenntnisse zu gewinnen und das Gespräch in Gang zu bringen, nachdem Sie sich mit der Gruppe die Einheit auf der DVD angesehen haben. In diesem Buch wird immer wieder der Begriff „Ihr Team" verwendet. Damit sind diejenigen gemeint, die Sie führen. Sie können statt „Ihr Team" den für Ihre Situation passenden Begriff einsetzen, je nachdem, ob Sie ein Team von freiwilligen Mitarbeitern, eine Abteilung mit Angestellten, einen Prozess oder ein Projekt leiten.

MEINE PERSÖNLICHE HERAUSFORDERUNG

Diese Fragen am Ende jedes Gruppentreffens werden Ihnen helfen, das Erlernte zu-sammenzufassen, damit Sie es dann bei einer der Aktivitäten in der Rubrik „Praktische Übungen" anwenden können.

PRAKTISCHE ÜBUNGEN

Diese Übungen können Sie bei Ihrem Team auf der Arbeit oder in Ihrem Dienst anwenden oder bei anderen Personen, mit denen Sie eng zusammenarbeiten. Sie werden sie nicht in der Arbeitsgruppe machen, es sei denn, Sie arbeiten dieses Buch mit Ihrem Leitungsteam auf der Arbeit oder in Ihrer Organisation durch. Diese Übungen sind das Besondere an diesem Buch – sie sind der Schlüssel, damit aus reinem Kopfwissen praktische Fähigkeiten werden. Sie helfen Ihnen, das Erlernte umzusetzen. Sie wachsen als Leiter, wenn Sie das, was Sie gelernt haben, auch wirklich anwenden. Diese Übungen haben sich als gute Werkzeuge erwiesen, um Leitungsfähigkeiten zu entwickeln.

Machen Sie das Beste aus diesem Buch, indem Sie die Übung auswählen, die Ihrem Team am meisten nützt und Sie als Leiter voranbringt. Führen Sie die Übungen zwischen den einzelnen Gruppentreffen durch. Sie können natürlich auch mehrere Übungen pro Einheit machen, oder Sie kommen später noch einmal darauf zurück und machen die übrigen Übungen, die ebenfalls auf Ihre Situation anwendbar sind.

UND JETZT?

In der Rubrik „Und jetzt?" am Ende jeder Einheit wird die Einheit noch einmal zusammengefasst. Darüber hinaus finden Sie dort Vorschläge, wie Sie in den kommenden Monaten weiter an Ihren Leitungsfähigkeiten arbeiten können.

Sie werden es nicht bereuen, sich die Zeit genommen zu haben, um sich als Leiter weiterzuentwickeln. Der Apostel Paulus hat die Leiter der ersten Gemeinden aufgefordert, „diese Verantwortung ernst [zu nehmen]" (Römer 12,8; NL). Dazu gehört auch, dass Sie die Verantwortung dafür übernehmen, die eigenen Leitungsgaben bestmöglich zu entwickeln. Ihre Führungsaufgabe ist wichtig. Sie kann die Welt verändern.

Wenn man den Begriff „Führung" googelt, erhält man über 44 Millionen Einträge. Wenn man die Suche auf „Führung Definition" eingrenzt, sind es nur noch 553 000 Einträge. Diese einfache Suche zeigt, was viele Leiter instinktiv spüren: Das Thema „Führung" ist umfangreich und komplex.

Das Interesse am Thema „Führung" ist in den letzten Jahrzehnten explosionsartig gestiegen. Während das Thema im Studium früher mit ein paar wenigen Kursen abgedeckt wurde, gibt es heute eine Vielzahl an Studiengängen, die sich damit befassen. Unternehmen investieren Millionen in die Weiterbildung ihrer Nachwuchskräfte auf diesem Gebiet. Jedes Jahr kommen unzählige neue Bücher zum Thema „Führen" auf den Markt. Jeder Leiter, der sich ernsthaft mit diesem Thema auseinandersetzt, wird bestätigen, dass es ein Leben lang dauert, bis man dieses Gebiet beherrscht – wenn das überhaupt möglich ist.

DAS BEZUGSSYSTEM DES LEITERS – EINE HILFREICHE STRUKTUR

Um dieses komplexe Gebiet in handlichere Teilbereiche zu gliedern, haben wir in der Willow Creek Association eine hilfreiche Struktur entwickelt: das Bezugssystem für Leiter. Dieses Bezugssystem benutzt allgemeinverständliche Begriffe, um die wichtigsten Fähigkeiten eines Leiters zu beschreiben und Leitern ein solides Fundament zu bieten, auf das sie in ihrer Entwicklung bauen können.

WIE DAS BEZUGSSYSTEM FUNKTIONIERT

Die wichtigsten Kategorien diese Systems sind:

• Visionäre Führung

FÄHIGKEITEN, MIT DENEN LEITER IHR TEAM IN EINE BESSERE ZUKUNFT FÜHREN

In der Bibel wird dies folgendermaßen formuliert: „Ohne Offenbarung verwildert ein Volk" (Sprüche 29,18; NeÜ). Zu den Themen visionärer Führung gehören: Veränderungsprozesse leiten, unternehmerisch denken, innovativ sein, strategisch denken, die Nachfolge regeln und die Leiter der nächsten Generation heranziehen. In diesem Buch beschäftigt sich Bill Hybels mit einer grundlegenden Fähigkeit des Leiters: Wie man als Team eine Vision für die nächsten drei bis fünf Jahre entwickelt.

• Selbst-Führung

FÄHIGKEITEN, DIE DER LEITER BEI DER PERSON EINSETZT, DIE AM SCHWIERIGSTEN ZU FÜHREN IST: SIE SELBST

Experten sagen, dass diejenigen, die ausgeprägte Fähigkeiten zur Selbst-Führung haben, im Beruf oder Gemeindedienst mehr erreichen werden. In einem Vers aus den Sprüchen steht: „Vor allem aber behüte dein Herz, denn dein Herz beeinflusst dein ganzes Leben" (Sprüche 4,23, NL). Zu den Themen rund um Selbst-Führung gehören: persönliche geistliche Übungen, Burnout, Charakterbildung, Demut, Produktivität, die Balance zwischen Arbeit und Entspannung, mentale Stärke, mit der eigenen Kraft haushalten, Prioritäten und der Terminplan. Bill Hybels geht es in dieser Reihe hauptsächlich darum, dass Leiter die Verantwortung für ihre eigene Entwicklung als Führungsperson selbst in die Hand nehmen.

• Zwischenmenschliche Führung

FÜHREN IST BEZIEHUNGSSACHE

Jesus forderte seine Nachfolger dazu auf, dienende Leiter zu sein – eine ganz andere Art von Menschenführung, als sie zu seiner Zeit üblich war. Erfolgreiche Leiter begegnen komplexen Beziehungen mit Wahrheit und Gnade. Zu den Themen rund um Führung in zwischenmenschlichen Beziehungen gehören: emotionale Intelligenz, leiten durch Einfluss, Generationen verbinden, ehrenamtliche Mitarbeiter stärken, situationsbezogene Leitung wirksam einsetzen, Konflikte lösen, die Kunst zusammenzuarbeiten und die Kraft der Aufrichtigkeit. In dieser Einheit erklärt Bill Hybels das Prinzip der 360-Grad-Führung.

• Organisatorische Führung

AKTUELLE VORGÄNGE LEITEN UND DAS TEAM IM ALLTAGSGESCHÄFT FÜHREN

Effektive Organisationen haben die praktischen Abläufe des Alltags im Griff. Bei einer Gelegenheit beschrieb Jesus diese Art der klugen Führung mit einem Gleichnis: „Stellt euch vor, jemand möchte einen Turm bauen. Wird er dann nicht vorher die Kosten überschlagen? Er wird doch nicht einfach anfangen und riskieren, dass er bereits nach dem Bau des Fundaments aufhören muss. Die Leute würden ihn auslachen" (Lukas 28,28–29; Hfa). Zu den Themen rund um das organisatorische Führen gehören: Finanzen, Einstellen und Entlassen, Pläne oder Projekte umsetzen, Vielfalt wirksam einsetzen, Entscheidungen treffen, vorhandene Mittel einteilen, mit Spannungen umgehen und Krisenmanagement. In dieser Einheit erklärt Bill Hybels, wie man sich ein großartiges organisatorisches Umfeld schafft.

• Berufung & Führung

WO ODER WARUM MAN FÜHRT

Während es in allen anderen Themenbereichen rund um Führung darum geht, wie man leitet, geht es beim Thema „Berufung" darum, warum man leitet. In der Bibel heißt es, dass Gott eine einzigartige Berufung und eine Vision für jeden Gläubigen hat (Epheser 2,10). Wenn Sie leiten, dann richtet sich die Kraft, mit der Sie das tun, auf ein ganz bestimmtes Thema, eine Not oder eine Sache. Das gilt für jeden Leiter, ganz gleich, welche Glaubensauffassung er oder sie hat. Es ist die Antwort auf die Frage: „Was treibt Sie an und warum?" Zu diesem Themenbereich gehören: Gottes leise Stimme hören, die eigenen Stärken entdecken, Geistesgaben und eine „heilige Unzufriedenheit", wann man ein Risiko eingeht und die eigene Berufung langfristig ausleben. In dieser Einheit beschäftigt sich Bill Hybels in einer Frage-Antwort-Runde damit, wie man das Ziel des eigenen Lebens erkennen und Ängste überwinden kann.

Während Sie sich in den nächsten Monaten darum bemühen, sich als Leiter weiterzuentwickeln, werden Sie wahrscheinlich ein oder zwei Bereiche in diesem Bezugssystem eines Leiters entdecken, in denen Sie besonders gut sind, und andere, in denen Sie sich noch verändern sollten. Vielleicht liegen Ihre Stärken im Bereich der organisatorischen Führung, aber die Selbst-Führung stellt für Sie noch ein Problem dar. Oder Ihr Führungsstil ist visionär und auf die Zukunft ausgerichtet, aber Sie tun sich schwer damit, Menschen im Alltagsgeschäft zu führen.

Sich als Leiter weiterzuentwickeln ist ein lebenslanger Prozess. Ganz gleich, ob Sie gerade erst eine Leitungsaufgabe übernommen haben oder schon seit Jahrzehnten Leiter sind, fragen Sie sich selbst: „In welchem Bereich will ich mich als Leiter in nächster Zeit weiterentwickeln?" In dem umfangreichen und komplexen Bereich der Führung kann man sich nur Schritt für Schritt verbessern. Dieses Buch kann der nächste Schritt für Sie sein. Die Welt braucht Sie als Führungskraft – machen Sie sich an die Arbeit.

Einheit 1

DIE KRAFT EINER VISION

Eine Vision ist ein Bild der Zukunft, das Leidenschaft in Menschen weckt. Leiter müssen diese bessere Zukunft mit plastischen, lebendigen, herausfordernden Bildern und Worten beschreiben können, damit jemand, der sich im Hier wohlfühlt, sagt: „Es wäre doch viel besser, dort zu sein."

Bill Hybels

GRUPPENTREFFEN

ANKOMMEN (10 MINUTEN)

Willkommen bei „Führungs-Kraft". Wenn Sie sich heute als Gruppe zum ersten Mal treffen, dann nehmen Sie sich etwas Zeit, um sich gegenseitig vorzustellen, bevor Sie die DVD anschauen.

Sie könnten zum Beispiel weitergeben:

- Ihren Namen;
- welche Aufgabe Sie im Beruf oder der Gemeinde haben;
- etwas über Ihre Organisation;
- wann Sie zum ersten Mal gemerkt haben, dass Sie andere leiten können;
- was Sie sich von dieser Schulungsreihe erhoffen.

DVD: DIE KRAFT EINER VISION (30 MINUTEN)

Schauen Sie sich Einheit 1 der DVD an. Die nachfolgenden Stichpunkte sollen Ihnen helfen, sich Notizen zu machen und die Dinge festzuhalten, die Ihnen besonders auffallen.

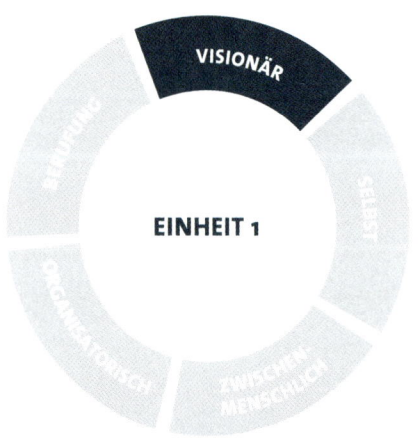

Zeitlicher Rahmen:
90 Minuten

Ankommen:
10 Minuten

DVD-Einheit:
30 Minuten

Gruppengespräch:
40 Minuten

Meine persönliche
Herausforderung:
5 Minuten

Den Sack zubinden:
5 Minuten

NOTIZEN

Fakten sammeln: Es liegt in meiner Verantwortung, mich als Leiter weiterzuentwickeln und zu verbessern.

Bills Verantwortung

Geistliche Gabe

Jugendlager

Trainer

Vater

Ihre Verantwortung

Geistliche Gabe

Vater

Führen heißt, Menschen vom Hier zum Dort zu leiten.

Reihenfolge:

Stellen Sie zuerst glaubhaft dar, warum man nicht beim Hier bleiben kann.

Visionen sind undicht.

Die Entstehung einer Vision:

- Einzelgänger- / Sinai-Ansatz

- Team-Ansatz

SCHLÜSSELFRAGE:
WIE STELLT SICH GOTT UNSEREN DIENST/UNSERE ORGANISATION/UNSER TEAM IN
DREI BIS FÜNF JAHREN VOR?

Die Bestätigung der Vision

Die Verkündung der Vision

Die Kraft der Vision

GRUPPENGESPRÄCH (40 MINUTEN)

1. In Sprüche 29,18 heißt es: „Ohne Offenbarung verwildert ein Volk" (NeÜ). Mit dieser Bibelstelle und dem, was Bill Hybels gesagt hat, im Hinterkopf: Wie haben Sie eine Vision (oder das Fehlen einer Vision) im Berufs- oder Gemeindeleben schon erlebt?

2. Wenn Leiter über Vision sprechen, ist es immer hilfreich, vorher die Begriffe zu definieren. Besprechen Sie in Ihrer Gruppe, was für Sie der Unterschied zwischen „Mission" und „Vision" ist.

3. Hat Ihr Team* eine Vision formuliert, bestätigt und verkündet? Falls ja, wie haben Sie diesen Prozess gestaltet? Falls nein, welchen Hindernissen sehen Sie sich bei der Findung einer Vision mit Ihrem Team gegenüber?

> **GOTT, DER HERR, TUT NICHTS, OHNE SEIN GEHEIMNIS VORHER SEINEN DIENERN, DEN PROPHETEN, ANVERTRAUT ZU HABEN.**
>
> AMOS 3,7; NL

4. Eine Vision kann man am besten im Team entwickeln. Aber oft fängt dieser Prozess im Kopf des Leiters an. Nehmen Sie sich 10 Minuten Zeit, um einzeln darüber nachzudenken, wie Sie Bill Hybels' Kernfrage beantworten würden: „Wie stellt sich Gott unseren Dienst/unsere Organisation/unser Team in drei bis fünf Jahren vor?" Orientieren Sie sich an den nachfolgenden Fragen. Notieren Sie Ihre Antworten und tauschen Sie sich mit den anderen in der Gruppe darüber aus.

---

* In diesem Buch wird immer wieder der Begriff „Ihr Team" verwendet. Damit sind diejenigen gemeint, die Sie leiten. Sie können statt „Ihr Team" den für Ihre Situation passenden Begriff einsetzen, je nachdem, ob Sie ein Team von freiwilligen Mitarbeitern, eine Abteilung mit Angestellten, einen Prozess oder ein Projekt leiten.

- Welche internen Veränderungen erwarten Sie in Ihrem Team in den nächsten drei bis fünf Jahren?

- Welche äußeren Veränderungen werden die Arbeit Ihres Teams in den nächsten drei bis fünf Jahren beeinflussen (technologische oder demografische Entwicklungen, Kundenwünsche, Expansion, Konsolidierung)?

- Was werden diejenigen, für die Sie arbeiten, zukünftig von Ihnen wollen oder brauchen?

- Was werden diejenigen, für die Sie Ihre Aufgaben erledigen, zukünftig nicht mehr brauchen?

5. Wen könnten Sie bitten, Ihre Gedanken bezüglich der Entwicklungen, die auf Ihr Team zukommen, zu bestätigen oder zu hinterfragen? Wie können Sie Ihr Team in diesen Prozess einbeziehen?

Die Vision entwickeln

Nehmen Sie sich zum Ende Ihres Gruppentreffens wenigstens 5 Minuten Zeit, um darüber nachzudenken, was Sie für sich persönlich mitnehmen. Entscheiden Sie sich dann für eine praktische Übung, mit der Sie sich nach diesem Treffen beschäftigen wollen.

6. Die beiden wichtigsten Erkenntnisse, die ich mitnehme, sind:

1

2

7. Welche praktische Übung würde Ihrem Team am meisten dabei helfen, die Vision zu verstehen und umzusetzen? Kreuzen Sie die Aussage an, die den gegenwärtigen Zustand Ihrer Vision am besten beschreibt. Die von Ihnen ausgewählte Aussage gibt Ihnen einen Hinweis darauf, welche praktische Übung am besten zu Ihrer persönlichen Situation als Leiter passt.

O   Unsere jetzige Vision beschreibt nicht, in welche Richtung wir uns in den nächsten 3 bis 5 Jahren entwickeln werden. Sie sollte neu überdacht werden. (Praktische Übung: Die Vision bewerten, S. 28)

O   Unser Team hat noch keine eindeutig formulierte Vision. (Praktische Übung: Die Vision entwickeln, S. 29)

O   Wir haben eine klar definierte Vision, aber sie wurde von den übrigen Mitgliedern unserer Organisation noch nicht bestätigt oder angenommen. (Praktische Übung: Die Vision bestätigen, S. 32)

O   Unsere Vision ist zutreffend, aber die Formulierungen wecken keine Leidenschaft in den Menschen. (Praktische Übung: Der Vision Worte verleihen, S. 34)

O   Ich habe die Vision unserer Organisation und unseres Teams verstanden, wünsche mir aber mehr Klarheit darüber, welche Rolle ich darin spielen könnte. (Praktische Übung: Eine Vision für die eigene Rolle entwickeln, S. 37)

8.   Ich habe mich für folgende praktische Übung entschieden:

•   Erzählen Sie der Gruppe, welche praktische Übung Sie sich ausgesucht haben.

DEN SACK ZUBINDEN

Schließen Sie das Treffen mit gemeinsamem Gebet ab. Bitten Sie Gott darum, jedem Gruppenmitglied zu helfen, sich im kommenden Monat im Bereich „Vision" als Leiter weiterzuentwickeln.

Dieses Arbeitsbuch ist erst dann wirklich hilfreich, wenn Sie das, was Sie in der Gruppe besprochen haben, auch tatsächlich in Ihren Teams oder Dienstzweigen umsetzen.

Lesen Sie sich die nachfolgenden fünf Übungen zum Thema „Visionäre Führung" durch. Suchen Sie sich die Übung heraus, die Ihrem Team helfen wird, das Konzept einer Vision besser zu verstehen und umzusetzen. Für manche von Ihnen ist das vielleicht etwas völlig Neues. Wenn man neue Fähigkeiten einübt, fühlt man sich oft am Anfang etwas unbeholfen. Doch Ihr Team wird nach diesen Übungen stärker sein und zielgerichteter arbeiten können. Ihre Fähigkeit, einem Team oder einer Organisation dabei zu helfen, eine Vision zu entwerfen, zu bestätigen und zu verkünden, ist ein wichtiges Werkzeug für Sie in Ihrer Entwicklung als Leiter.

Einheit 1: Die Kraft einer Vision

Leiter führen Menschen und Projekte vom „Hier" zum „Dort". Sie spüren, dass am „Hier" etwas nicht stimmt, und sehen vor ihrem inneren Auge eine bessere Zukunft, zu der sie die Menschen führen möchten. König Salomo, der allgemein bekannt ist für seine Weisheit als Führer seines Volkes, hatte begriffen, wie lebensnotwendig eine Vision ist, als er die folgenden Worte schrieb: „Ohne Offenbarung verwildert ein Volk" (Sprüche 29,18; NeÜ). Bill Hybels definiert Vision als „ein Bild der Zukunft, das Leidenschaft in Menschen weckt".

Eine Vision entwickelt man am besten als Team. Wenn ein Leiter den Eindruck hat, man solle in eine bestimmte Richtung gehen – oder sogar Gottes leise Stimme gehört hat –, sollte das am besten durch ein Team bestätigt werden, nicht nur durch einen einzelnen Leiter. Diese Methode, eine Vision zu entwickeln, ist sehr zeitintensiv, aber das zahlt sich aus, wenn sich im Verlauf das gesamte Team bestätigt und wertgeschätzt fühlt. Alle gewinnen Klarheit, sind zielgerichtet und bekommen neue Energie durch die einzigartige Rolle und die Beiträge, die jeder leistet.

Wenn Sie eher allein arbeiten und Projekte oder Prozesse leiten, ist es trotzdem wichtig, dass Sie sich über Ihre Vision für Ihre Leitungsaufgabe im Klaren sind. Ungeachtet, zu welcher Art von Veränderung Sie führen wollen, es ist wichtig, dass Sie klar formulieren, wohin sich Ihr Projekt oder Ihr Prozess zukünftig entwickeln soll – und dann die Unterstützung anderer beteiligter Parteien gewinnen.

Die nachfolgenden praktischen Übungen sind erprobte Prozesse, die Ihrem Team auf der Arbeit oder in der Gemeinde bei der Entwicklung und Bestätigung einer Vision helfen sollen. Diese Übungen sind nicht für Ihre Seminar-Arbeitsgruppe gedacht, es sei denn, Sie arbeiten dieses Buch mit Ihrem Leitungsteam durch. Lesen Sie die Beschreibungen der einzelnen Übungen durch, und entscheiden Sie sich für eine, die Sie im Verlauf des nächsten Monats umsetzen werden. Alle Übungen können auch von Leitern durchgeführt werden, die allein arbeiten. Ersetzen Sie einfach den Begriff „mein Team" durch „mein Projekt/Prozess". Leiter entwickeln sich weiter, wenn sie das Gelernte praktisch umsetzen. Dazu müssen sie nur eines tun: aktiv werden!

PRAKTISCHE ÜBUNG

Die Kraft der Vision

Wenn Ihr Team noch nie einen Visionsprozess durchlaufen hat, wenn Sie sich in einer Umbruchphase befinden oder sich schon lange nicht mehr mit diesem Thema befasst haben, dann versuchen Sie doch einmal die folgende Reihenfolge:

Bewerten Sie Ihre Vision.
Entwickeln Sie Ihre Vision.
Bestätigen Sie Ihre Vision.
Fassen Sie Ihre Vision in Worte.

(„Entwickeln Sie eine Vision für Ihre eigene Rolle" findet nicht im Kontext eines Teams statt.)

BEWERTEN SIE IHRE VISION | S. 28

Mithilfe dieser Übung können Sie beurteilen, wie relevant und wirkungsvoll eine Vision ist.

ENTWICKELN SIE IHRE VISION | S. 29

Wenn Ihr Team noch nie eine Vision entwickelt hat oder wenn es schon mehr als 3 bis 5 Jahre her ist, seit Ihr Team das letzte Mal einen solchen Prozess durchlaufen hat, dann verwenden Sie diesen Ansatz, um mit Ihrem Team eine neue und überzeugende Vision zu entwickeln.

BESTÄTIGEN SIE IHRE VISION | S. 32

Wenn Ihr Team erst kürzlich eine Vision entwickelt hat, wird Ihnen diese Übung helfen, die Vision „an den Mann zu bringen". Sie bekommen Anregungen und gewinnen die Unterstützung von Schlüsselpersonen.

FASSEN SIE IHRE VISION IN WORTE | S. 34

Mithilfe dieser Übung verleihen Sie Ihrer Vision Flügel, indem Sie für diese eine prägnante Formulierung finden. Diese Übung hilft Ihnen „ein Bild der Zukunft zu malen, das Leidenschaft in Menschen weckt".

Wenn Ihre Führungsaufgabe darin besteht, Prozesse und Projekte zu leiten, dann hilft Ihnen diese Übung, eine Vision für Ihre persönliche Rolle dabei zu entwickeln.

PRAKTISCHE ÜBUNG

Bewerten Sie Ihre Vision

Machen Sie es sich zur Gewohnheit, Ihre Vision in regelmäßigen Abständen zu bewerten, um sich ändernden Gegebenheiten sowohl innerhalb als auch außerhalb des Teams gerecht zu werden. Wenn es schon mehr als ein Jahr her ist, seit Sie zum letzten Mal die Relevanz Ihrer Vision unter die Lupe genommen haben, wird diese Übung Ihnen und Ihrem Team dabei helfen.

Fertigen Sie eine Kopie der gegenwärtigen Vision und Mission Ihres Teams und (falls zutreffend) auch die Ihrer Organisation an.

Laden Sie Ihr Team zu einem Gruppengespräch ein und stellen Sie folgende Fragen:

- Was sind unsere aktuellen Gegebenheiten?

  - Was waren die Gegebenheiten, als wir diese Vision entwickelt haben?

  - Was hat sich verändert? Wie sehen die neuen Gegebenheiten aus?

  - Ist unsere Vision angesichts der heutigen Gegebenheiten noch gültig?

  - Inwiefern unterstützen die Vision und Mission unseres Teams die Vision und Mission unserer Organisation? Teilen Sie die Vision und Mission aus, und vergewissern Sie sich, dass Ihr Team den Unterschied zwischen Mission und Vision versteht (Seite 22).

- Stimmt unsere Vision mit der der Gesamtorganisation überein?

- Malt unsere gegenwärtige Vision ein Bild der Zukunft, das Leidenschaft in Menschen weckt?

VISIONÄR

SELBST

ZWISCHEN-
MENSCHLICH

ORGANI-
SATORISCH

Wenn Ihr Team nach dem Gespräch zu dem Schluss kommt, dass die Vision veraltet ist oder keine Gültigkeit mehr hat, dann überarbeiten Sie sie. Verwenden Sie dazu einen der Ansätze, die bei den praktischen Übungen „Entwickeln Sie Ihre Vision", „Bestätigen Sie Ihre Vision" oder „Fassen Sie Ihre Vision in Worte" erklärt werden.

Diese Übung nimmt im Allgemeinen etwa eine halbe bis eine Stunde in Anspruch, je nachdem, wie groß Ihr Team und wie intensiv die Diskussion ist.

STOPP:

Gehen Sie zu „Und jetzt?" auf Seite 38, wenn Sie mit dieser Übung fertig sind. Dort finden Sie weitere Anregungen, Schritte und Hilfsmittel.

PRAKTISCHE ÜBUNG

Entwickeln Sie Ihre Vision

Verwenden Sie diese Vorgehensweise, wenn neue Leute in Ihrem Team sind, das Team noch nicht lange zusammenarbeitet oder keine klaren Zielvorstellungen hat.

Tauschen Sie sich mit Ihrem Team über die nachfolgenden Fragen aus. Um alle Teammitglieder am Gespräch zu beteiligen und so zu erreichen, dass alle sich die Vision zu eigen machen, können Sie die einzelnen Fragen jeweils auf leere Plakate schreiben und im Raum verteilt aufhängen. Dann können die Teammitglieder ihre Antworten darunterschreiben (oder auf Haftnotizen, die sie auf die Plakate kleben). Teilen Sie dann jedem Teammitglied eines der Plakate zu, damit dieses die Kommentare und Ideen präsentiert.

Bevor Sie damit anfangen, sollten Sie noch einmal die Definitionen von Mission und Vision auf Seite 22 vorlesen, damit alle die Begriffe verstehen.

DER BLICK ZURÜCK

- Wie würden wir die Geschichte unseres Teams beschreiben? Wann wurde es ins Leben gerufen und wer war dabei? (Versuchen Sie, die Frage so gut wie möglich zu beantworten, auch wenn es vor Ihrer Zeit war.)

- Welche Reifungsschritte haben wir als Team erlebt?

- Welche Höhepunkte hat unser Team im Verlauf seiner Geschichte erlebt?

- Welche Tiefpunkte hat unser Team im Verlauf seiner Geschichte erlebt?

DIE GEGENWART (DAS „HIER")

- Welchen ganz besonderen Wert hat unser Team für diejenigen, denen wir dienen? Welche ganz besondere Gabe steuern wir bei?

- Wer ist die Zielgruppe für unsere Dienste?

- Welche Stärken hat unser Team (z. B. Fähigkeiten, Wissen, Abläufe)?

- Wie unterstützen Mission und Vision unseres Teams die Mission und Vision der gesamten Organisation?

- Welche Schwächen sind eine Herausforderung für unser Team (z. B. personelle Besetzung, Räumlichkeiten, Finanzen, externe Hindernisse, Kultur)?

- Was ist am „Hier" gut – an dem Produkt oder dem Service, den wir bereits liefern? Wo bewegen wir bereits etwas?

- Warum können wir nicht „hier" bleiben und das Produkt oder den Service weiter so anbieten wie jetzt? Welchen Bedürfnissen werden wir nicht gerecht? Was funktioniert nicht? Was ist verwirrend an dem, was wir jetzt machen?

DER BLICK NACH VORN

- Was wird sich in den nächsten 3 bis 5 Jahren um unsere Arbeit herum verändern? (Denken Sie an Veränderungen im und um das Team herum – z. B. Veränderungen unter Kunden, Mitarbeitern, der Gesamtorganisation, Prozesse, Technologie, das weitere Umfeld oder die Gesellschaft als Ganzes).

- Wie werden sich diese Veränderungen auf unsere Arbeit auswirken?

- Was werden diejenigen, für die wir arbeiten, zukünftig brauchen, was wir ihnen heute noch nicht bieten?

- Was werden diejenigen, für die wir tätig sind, zukünftig nicht mehr von uns brauchen?

- **SCHLÜSSELFRAGE:** WIE STELLT SICH GOTT WOHL UNSEREN DIENST/UNSERE ORGANISATION/UNSER TEAM IN DREI BIS FÜNF JAHREN VOR?

ENTWERFEN SIE IHRE VISION

- Wie würden Sie die nächste Phase für Ihr Team beschreiben? Welchen Begriff (ein Wort) würden Sie dafür wählen? Was wäre der passende Slogan?

- Versuchen Sie einmal, Ihre Vision schriftlich zu formulieren. Orientieren Sie sich an der Anleitung, die Sie bei der Übung „Der Vision Worte verleihen" finden.

Diese Übung kann 3 bis 4 Stunden oder länger dauern, je nachdem, wie groß Ihr Team und wie intensiv die Diskussion ist. Man kann die Übung auch in zwei bis vier separate Treffen aufteilen. Manche Teams entscheiden sich auch für ein gemeinsames Wochenende, um die Punkte durchzuarbeiten.

STOPP:

Gehen Sie zu „Und jetzt?" auf Seite 39, wenn Sie mit dieser Übung fertig sind. Dort finden Sie weitere Anregungen, Schritte und Hilfsmittel.

PRAKTISCHE ÜBUNG

Lassen Sie Ihre Vision bestätigen

Sobald die Vision eines Teams formuliert ist, muss sich der Leiter als Erstes innerhalb (und vielleicht auch außerhalb) des Teams um die Zustimmung der Schlüsselpersonen bemühen. Bill Hybels nennt das „die Vision an den Mann bringen". Wenn Sie diejenigen, die von der Arbeit Ihres Teams betroffen sind – oder Einfluss darauf haben –, einladen, ihre Gedanken und Ideen zur Vision beizutragen, bekommen Sie mehr Rückhalt und Unterstützung für Ihr Team und die Richtung, die Sie einschlagen wollen (Ihre Vision). Es verhindert auch, dass Ihr Team Ziele verfolgt, die von der Gesamtorganisation nicht unterstützt werden, weil sie nicht mit den übergeordneten Zielen im Einklang sind.

Besprechen und planen Sie mit Ihrem Team die Treffen mit diesen Schlüsselpersonen, um Anregungen zu Ihrer Vision und Reaktionen dazu zu bekommen. Vielleicht sollten Sie auch das Leitbild oder die Vision der Gesamtorganisation und die Begriffsdefinitionen von Seite 22 mitbringen, um sicherzustellen, dass die Schlüsselpersonen das Gesamtbild sehen und verstehen, wie Ihre neue Vision sich in das Leitbild der Gesamtorganisation einfügt.

1. Beginnen Sie das Gespräch, indem Sie alle Schlüsselpersonen und ihre möglichen Reaktionen auf Ihre Vision auflisten.

SCHLÜSSELPERSON	MÖGLICHE POSITIVE REAKTION	MÖGLICHE NEUTRALE REAKTION	MÖGLICHE ZÖGERLICHE ODER BESORGTE REAKTION

2. Fragen Sie Ihr Team, wessen Rückmeldungen ihnen am wichtigsten sind und warum. Bedenken Sie dabei auch, wie viel Einfluss jede dieser Schlüsselpersonen hat, um die Umsetzung Ihrer Vision zu unterstützen oder zu verzögern.

3. Stellen Sie einen Plan auf, wer sich bis wann und in welcher Reihenfolge mit diesen Schlüsselpersonen trifft, welche Fragen gestellt und welches Material verwendet wird, um die Vision zu vermitteln.

Treffen Sie sich mit Ihrem Team, nachdem alle Treffen mit Schlüsselpersonen stattgefunden haben, und tauschen Sie sich über das eingebrachte Feedback aus. Besprechen Sie, wie Sie das Feedback umsetzen (oder nicht umsetzen) wollen, und passen Sie Ihre Vision entsprechend an.

Diese Übung kann ein bis vier Stunden dauern, je nachdem, mit wie vielen Schlüsselpersonen Sie sich treffen wollen.

STOPP:

Gehen Sie zu „Und jetzt?" auf Seite 39, wenn Sie mit dieser Übung fertig sind. Dort finden Sie weitere Anregungen, Schritte und Hilfsmittel.

PRAKTISCHE ÜBUNG

Fassen Sie Ihre Vision in Worte

Diese Übung hilft Ihrem Team, Ihrer Vision Flügel zu verleihen. Sie hilft Ihnen, eine bestehende Formulierung zu überarbeiten, damit sie klarer wird, und Worte zu finden, die Menschen inspirieren.

Eine Vision ist ein Bild der Zukunft, das Leidenschaft in Menschen weckt. Die Formulierung einer Vision ist von Natur aus ehrgeizig und ambitioniert. Sie weckt Emotionen und bringt Hoffnung und Zuversicht im Blick auf das Ziel des Teams oder der Organisation. Obwohl zu einer Vision auch Träume von der Zukunft gehören, muss sie doch im Zweck – oder der Mission – des Teams verwurzelt sein.

Visionen beinhalten meistens die folgenden Bestandteile:

ZUKÜNFTIGE UMSETZUNG	ERWARTETE RESULTATE
Eine ehrgeizige und herausfordernde Beschreibung dessen, wie man die Vision zukünftig umsetzen will.	Eine Beschreibung der Ergebnisse nach der Umsetzung in Form einer Antwort auf die Sätze „um _____ zu erreichen" oder „damit _____".

Das erklärt, warum die Umsetzung der Vision wichtig ist und was sie konkret bewirken wird.

BEISPIEL EINER VISION, DIE UMGESETZT WURDE:
DER AUTOHERSTELLER FORD, ANFANG DES 20. JAHRHUNDERTS:
Wir werden das Automobil demokratisieren, damit sich jeder eines leisten kann und jeder eines haben wird.

BEISPIEL EINER VISION, DIE NOCH IN DER UMSETZUNG IST:
WILLOW CREEK ASSOCIATION:
Christen helfen, als Leiter zu wachsen, damit Gott maximalen Einfluss gewinnt.

MACHEN SIE MIT IHREM TEAM EIN BRAINSTORMING ZU MÖGLICHEN FORMULIERUNGEN FÜR EINE VISION

1. Teilen Sie zuerst Mission und Vision Ihres Teams und die Begriffsdefinitionen von Seite 22 aus. Wenn Ihr Team zu einer größeren Organisation gehört, dann teilen Sie auch Mission und Vision (das Leitbild) der Gesamtorganisation aus. Sprechen Sie darüber:

   • inwiefern die Mission Ihres Teams die Mission der Gesamtorganisation unterstützt.

   • inwiefern die Vision Ihres Teams die Vision der Gesamtorganisation unterstützt.

- weshalb eine neu formulierte Vision – ein Bild der Zukunft, das Leidenschaft in Menschen weckt – für Ihr Team hilfreich sein könnte.

2. Zeichnen Sie zwei Spalten auf ein Plakat oder eine Tafel und schreiben Sie „zukünftige Umsetzung" und „erwartete Resultate" darüber. Bennen Sie einen Schreiber, der die Beiträge der Teilnehmer in die Spalten einträgt.

3. Bitten Sie alle Teilnehmer, auf eine Karte zu schreiben, wie sie die zukünftige Umsetzung der Mission auf inspirierende und herausfordernde Art formulieren würden. Die Formulierungen sollten ein Verb und ein Substantiv enthalten, das die Mission Ihres Teams kurz und bündig beschreibt.

4. Bitten Sie die Teilnehmer, auf eine zweite Karte das zu erwartende oder erhoffte Resultat zu schreiben. Das Resultat sollte inspirierend formuliert sein, um zu beschreiben, was Ihre Vision für die nächsten 3 bis 5 Jahre bewirken wird.

5. Wenn alle fertig sind, bitten Sie die Teilnehmer, ihre Formulierungen der Gruppe vorzulesen. Der Schreiber trägt alles in die entsprechenden Spalten ein.

6. Verbringen Sie den Rest der Zeit damit, die Formulierungen der Teammitglieder zusammenzuführen. Setzen Sie sich ein Zeitlimit. Wenn die Zeit um ist, sollten Sie ansatzweise eine klar, herausfordernd und präzise formulierte Vision haben, die die erhofften und erwarteten Resultate des Teams widerspiegelt. Sie brauchen vielleicht noch ein zweites Treffen, um an der Formulierung zu feilen, oder Sie tragen diese Aufgabe ein oder zwei Leuten auf, die das Ergebnis dann dem Team vorstellen.

Diese Übung nimmt im Allgemeinen etwa ein bis zwei Stunden in Anspruch, je nachdem, wie groß Ihr Team und wie intensiv die Diskussion ist.

STOPP:

Gehen Sie zu „Und jetzt?" auf Seite 39, wenn Sie mit dieser Übung fertig sind. Dort finden Sie weitere Anregungen, Schritte und Hilfsmittel.

PRAKTISCHE ÜBUNG

Entwickeln Sie eine Vision für Ihre eigene Rolle

Wenn Sie eine klar formulierte, herausfordernde Vision für Ihre eigene Aufgabe oder Rolle haben, die auch Veränderungen am Markt oder in Ihrem Dienstbereich berücksichtigt, dann wissen Sie, welche Prioritäten Sie setzen müssen, welche Herausforderungen auf Sie zukommen und wie Ihre Aufgabe vielleicht zukünftig aussehen wird.

Verabreden Sie sich mit Ihrem Vorgesetzten, um über Ihre Vision und Ziele zu sprechen. Ein ehrliches Gespräch darüber, wie Ihre Aufgabe zukünftig aussehen könnte, garantiert, dass Sie beide in der gleichen Richtung unterwegs sind. Wenn Sie mit Ihrem Vorgesetzten übereinstimmen, ist es wahrscheinlicher, dass Sie Ihre Ziele auch erreichen.

Nehmen Sie sich vor dem Treffen Zeit, um sich Ihre Gedanken zu den nachfolgenden Fragen aufzuschreiben.

- Was waren bisher die größten Höhen und Tiefen in Ihrem jetzigen Aufgabengebiet?

- Was ist Ihre berufliche Kernkompetenz?

- Sind Sie in Ihrer jetzigen Aufgabe unter-, über- oder angemessen herausgefordert?

- Mit welchen Veränderungen rechnen Sie in den nächsten 3 bis 5 Jahren, was Ihre Arbeit betrifft, und wie werden sich diese Veränderungen auf Sie auswirken?

- Beten Sie und denken Sie über Folgendes nach: Wohin möchte Gott Sie in beruflicher Hinsicht in den nächsten 3 bis 5 Jahren vielleicht führen?

- Versuchen Sie einmal, Ihre persönliche Vision schriftlich zu formulieren. Orientieren Sie sich an der Anleitung, die Sie bei der Übung „Der Vision Worte verleihen" finden.

Erzählen Sie Ihrem Vorgesetzten bei dem Treffen von den wichtigsten Erkenntnissen, die Ihnen beim Nachdenken über diese Fragen gekommen sind. Bitten Sie Ihren Vorgesetzten zu erzählen, wie er oder sie sich Ihre berufliche Zukunft vorstellt. Bemühen Sie sich dann gemeinsam darum, Ihre Vorstellungen von zukünftigen Zielen und Möglichkeiten in Einklang zu bringen.

Diese Übung dauert im Allgemeinen etwa ein bis zwei Stunden, je nachdem, wie gründlich Sie reflektieren und wie lange das Treffen mit Ihrem Vorgesetzten dauert.

STOPP:

Gehen Sie zu „Und jetzt?" auf Seite 39, wenn Sie mit dieser Übung fertig sind. Dort finden Sie weitere Anregungen, Schritte und Hilfsmittel.

Gemeinsam mit dem Team eine Vision zu formulieren ist ein wirkungsvoller Schritt, um Menschen vom Hier zum Dort zu führen. Bemühen Sie sich zuerst um die Unterstützung von denjenigen, die enger mit Ihrer Arbeit verbunden sind. Das Engagement Ihres Teams und die Bereitschaft, sich die Vision zu eigen zu machen, wird um ein Vielfaches höher sein, als wenn Sie die Vision ganz allein entwickeln. Nachdem Sie jetzt eine praktische Übung beendet haben, könnten Sie darüber nachdenken, noch weitere Übungen aus dieser Einheit zu machen.

Nachdem Sie Ihre Vision herausgearbeitet und sie in Worte gefasst haben, besteht der nächste wichtige Schritt darin, sie zu verkünden. Das Schlimmste, was ein Team tun kann, nachdem es eine Vision formuliert hat, ist, sie bloß an die Wand zu hängen oder in eine Schublade zu legen. Sie müssen sich vornehmen, die Vision jedem zu vermitteln, der sie unterstützen und etwas zum Erreichen beitragen soll. Sie sollten sich vielleicht kreative Arten überlegen, wie Sie jede Besprechung mit der Vision beginnen können – besonders in den ersten Monaten. Wenn Ihr Team die Vision auswendig kann und es satt hat, dass Sie sie immer wieder wiederholen, dann wissen Sie, dass sie sie verinnerlicht haben.

> **WENN IHR TEAM DIE VISION AUSWENDIG KANN UND ES SATT HAT, DASS SIE SIE IMMER WIEDER WIEDERHOLEN, DANN WISSEN SIE, DASS SIE SIE VERINNERLICHT HABEN.**

Machen Sie sich darüber Gedanken, wie Sie die Vision so vermitteln können, dass sie andere inspiriert und sie mit Ihnen an einem Strang ziehen. Wenn Sie nur wenige Menschen brauchen, um Ihre Vision umzusetzen, genügen vielleicht regelmäßige Treffen, um die Vision in ihnen am Brennen zu halten. Wenn viele an der Umsetzung der Vision beteiligt sind, brauchen Sie vielleicht mehrere Methoden und häufigen Kontakt, um sie zu vermitteln und in den Menschen wachzuhalten.

Die Vision zu verfassen ist oft der leichtere Teil. Die Vision zum Leben zu erwecken und sie langfristig umzusetzen, ist die schwierigere Aufgabe. Und im Grund die Aufgabe des Leiters: die Menschen vom Hier zum Dort zu führen.

MEIN HANDLUNGSPLAN – DIE KRAFT DER VISION

Planen Sie mithilfe der nachfolgenden Tabelle Ihre nächsten Schritte, um die Vision weiterzuentwickeln. Müssen Sie mit Ihrem Team noch mehr in die Tiefe gehen? Müssen Sie Ihre Vision „an den Mann bringen" oder Ihre Vision inspirierender formulieren? Oder ist es an der Zeit, Ihre Vision zu verkünden? Schreiben Sie den nächsten Schritt in die Tabelle und setzen Sie sich eine realistische Frist: Denken Sie auch darüber nach, wen Sie sonst noch in Ihre Pläne einbeziehen müssen.

NÄCHSTER SCHRITT	BIS WANN?	WEN EINBEZIEHEN?	WER KANN MIR HELFEN/ MICH COACHEN?

Einheit 2

DIE PERSON, DIE AM SCHWERSTEN ZU FÜHREN IST

Zu Beginn meiner Karriere als Leiter dachte ich, andere müssten mich weiterentwickeln. Irgendwann habe ich diese Opferhaltung durchbrochen und mir gesagt: Wenn niemand mir hilft mich weiterzuentwickeln, werde ich mich für den Rest meines Lebens selbst entwickeln. Das ist ein Wendepunkt im Leben eines Leiters.

Bill Hybels

GRUPPENTREFFEN

ANKOMMEN (15 MINUTEN)

Willkommen in Einheit 2 von „Führungs-Kraft". Ein ganz wichtiger Punkt beim
Erlernen neuer Fähigkeiten ist der Input von den anderen in der Gruppe. Bevor Sie die
DVD anschauen, sollten Sie sich über Ihre Erfahrungen mit den praktischen Übungen
aus Einheit 1: „Die Kraft einer Vision" austauschen. Orientieren Sie sich beim Gespräch
an den folgenden Fragen:

- Welche praktische Übung haben Sie gemacht?
- Wie war diese Erfahrung für Sie?
- Welche Auswirkung hatte es auf Ihr Team?
- Welche Schritte sind Ihrer Meinung nach als Nächstes dran, um die Vision
  weiterzuentwickeln oder umzusetzen?

DVD: DIE PERSON, DIE AM SCHWERSTEN ZU FÜHREN IST (20 MINUTEN)
*Schauen Sie sich Einheit 2 der DVD an. Die nachfolgenden Stichpunkte sollen
Ihnen helfen, der DVD zu folgen oder sich Notizen zu machen.*

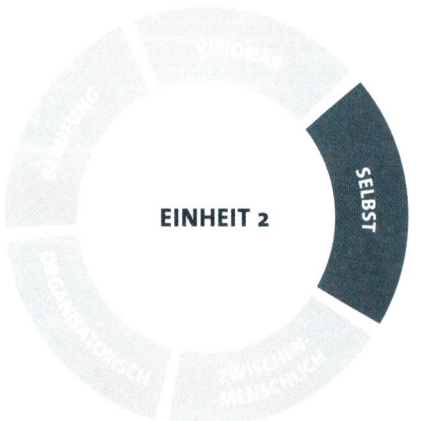

Zeitlicher Rahmen:	Ankommen:
90 Minuten	15 Minuten
	DVD-Einheit:
	20 Minuten
	Gruppengespräch:
	45 Minuten
	Meine persönliche
	Herausforderung:
	5 Minuten
	Den Sack zubinden:
	5 Minuten

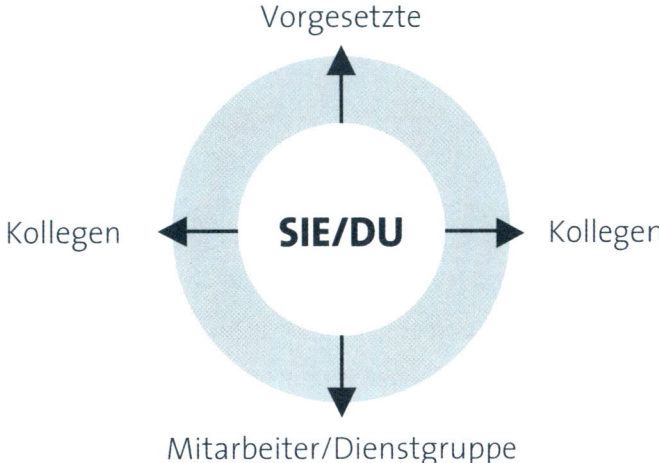

Das Konzept der „360-Grad-Führung" wurde zuerst von Dee Hock, einem bekannten Fachmann zum Thema „Führung" und Gründer von VISA Credit Card, entwickelt.

WER LEITET, TUE ES MIT EIFER!

RÖMER 12,8; LÜ2017

Die Person, die am schwersten zu führen ist, sind Sie selbst.

Übernehmen Sie die Verantwortung für Ihre eigene Entwicklung als Leiter.

Wie wird man ein besserer Leiter?

1.   Lesen Sie alles über Führung, was Sie in die Finger kriegen können.

2. Gehen Sie dorthin, wo über Führung gelehrt wird.

3. Suchen Sie sich Menschen, die Ihnen voraus sind, und stellen Sie Ihnen
    kluge Fragen.

4. Leiten Sie morgen mit mehr Intensität als heute.

5. Führen Sie regelmäßig Tagebuch über Ihre Entwicklung als Leiter.

> **SIE MÜSSEN NIEMANDEN PERSÖNLICH KENNEN, DAMIT ER IHR MENTOR IST.**

GRUPPENGESPRÄCH (45 MINUTEN)

1. In Römer 12,8 schreibt Paulus: „Hat Gott dir die Fähigkeit verliehen, andere zu
    leiten, dann nimm diese Verantwortung ernst." Inwiefern lässt sich dieser Vers
    auf Ihre Leitungsaufgabe übertragen, wenn man bedenkt, wie Bill Hybels in
    dieser Einheit Selbst-Führung beschreibt?

2. Bill Hybels beschreibt es als Wendepunkt in seiner Laufbahn als Leiter, als
    ihm bewusst wurde, dass er letztlich für seine Entwicklung als Leiter selbst
    verantwortlich ist. Finden Sie sich in diesem Erlebnis wieder? In welchen
    Bereichen erwarten Sie immer noch, dass andere die Initiative für Sie
    übernehmen?

3. Bill Hybels sagt, wir sollen jeden Tag mit mehr Intensität leiten, weil unsere Entwicklung zum größten Teil bei der Arbeit geschieht. Fachleute sagen, dass für die meisten Menschen 70 % ihres Wachstums bei der Arbeit – „on the job" – geschehen sollte, 20 % in Beziehungen mit Feedback und Coaching und 10 % durch formales Lernen, wie zum Beispiel in Trainingsprogrammen, Studiengängen, Kursen oder durch Lesen (Center for Creative Leadership).

> **BAUT EUER LEBEN AUF DEM GOTTGESCHENKTEN GLAUBEN AUF.**
>
> JUDAS 20; WILLKOMMEN DAHEIM

Finden Sie mithilfe der nachfolgenden Tabelle heraus, wie Sie sich als Leiter im Moment weiterentwickeln. Wo müssen Sie vielleicht etwas ändern, um bei der Arbeit mehr zu lernen? Tauschen Sie sich in Ihrer Gruppe aus, nachdem Sie die Tabelle ausgefüllt haben.

BEISPIELE FÜR WACHSTUM

BEI DER ARBEIT	IN BEZIEHUNGEN	SCHULISCHES LERNEN
70 %	**20 %**	**10 %**
• Übernehmen Sie neue Aufgaben.	• Bitten Sie andere um Feedback.	• Lesen Sie regelmäßig etwas zum Thema „Führung".
• Vertreten Sie Ihren Vorgesetzten bei einer Aufgabe oder in einer Besprechung.	• Bauen Sie eine Beziehung zu einem Mentor auf.	• Sehen Sie sich Podcasts und Vorträge zum Thema „Führung" an.
• Arbeiten Sie in einer Gruppe mit, die Probleme löst.	• Befragen Sie einen Leiter, der schon weiter ist.	• Machen Sie Schulungen oder nehmen Sie an einer Konferenz teil.
• Verbessern Sie einen Arbeitsablauf und setzen Sie die Änderungen um.	• Setzen Sie Ihre Erfahrungen ein, indem Sie andere lehren.	• Machen Sie eine Fortbildung.

WIE ICH MEINE FÜHRUNGSFÄHIGKEITEN DERZEIT WEITERENTWICKLE

BEI DER ARBEIT	IN BEZIEHUNGEN	SCHULISCHES LERNEN
. . . %	**. . . %**	**. . . %**
Beispiele	Beispiele	Beispiele
O -------------------------	O -------------------------	O -------------------------
O -------------------------	O -------------------------	O -------------------------
O -------------------------	O -------------------------	O -------------------------

4. Bill Hybels hat davon gesprochen, Leiter zu finden, die in diesem Bereich schon weiter sind, um ihnen kluge Fragen zu stellen. Er erzählte davon, dass das in seinem Fall unter anderem Bob Galvin von Motorola war. Wenn Sie schon einmal etwas Ähnliches erlebt haben, erzählen Sie der Gruppe davon. Wenn nicht: Was hindert Sie daran, einen erfahreneren Leiter zu suchen?

5. Nennen Sie ein oder zwei Leiter in Ihrem Umfeld, die Sie gerne befragen würden. Erzählen Sie der Gruppe davon.

6. Bill Hybels sagte, wir sollen regelmäßig darüber nachdenken, ob wir den Menschen unter unserer Leitung genug Wertschätzung entgegenbringen. Er sprach davon, regelmäßig Tagebuch über die eigene Leitungsgabe zu führen. Dies dient dazu, den eigenen Führungsstil zu überprüfen. Diese Aufgabe ist etwas anderes als ein geistliches Tagebuch. Führen Sie schon Tagebuch über Ihre Leitungsgabe? Wenn ja: Inwiefern hilft es Ihnen? Wenn nein: Was halten Sie von Bill Hybels' Vorschlag, damit anzufangen?

Mich als Leiter weiterentwickeln

Nehmen Sie sich zum Ende Ihres Gruppentreffens wenigstens 5 Minuten Zeit, um darüber nachzudenken, was Sie für sich persönlich mitnehmen. Entscheiden Sie sich dann für eine praktische Übung, mit der Sie sich nach diesem Treffen beschäftigen wollen.

7. Die beiden wichtigsten Erkenntnisse, die ich mitnehme, sind:

> *1*
>
> *2*

8. Welche praktische Übung würde Ihnen am meisten dabei helfen, sich im Verlauf des nächsten Monats im Bereich der Selbst-Führung weiterzuentwickeln? Die von Ihnen ausgewählte Aussage gibt Ihnen einen Hinweis darauf, welche praktische Übung Sie als Leiter am meisten weiterbringt.

O   Tagebuch führen, um den eigenen Führungsstil zu überdenken.
    (Praktische Übung: Regelmäßig Tagebuch über die eigene Leitungsgabe führen, S. 50)

O   Bücher zum Thema „Führung" lesen.
    (Praktische Übung: Leseaufgabe, S. 53)

O   Einen erfahreneren Leiter befragen.
    (Praktische Übung: Interview mit einem Leiter, S. 54)

O   Neue Leitungsaufgaben übernehmen.
    (Praktische Übung: Mit mehr Intensität leiten/praktische Herausforderung, S. 55)

9. Meine praktische Übung ist:

Erzählen Sie der Gruppe, für welche Übung Sie sich entschieden haben.

DEN SACK ZUBINDEN

Schließen Sie mit gemeinsamem Gebet ab. Bitten Sie Gott darum, jedem Gruppenmitglied dabei zu helfen, sich im kommenden Monat im Bereich Selbst-Führung weiterzuentwickeln.

> *Wenn Sie schon einmal einen solchen Wendepunkt erlebt haben, wie Bill Hybels ihn beschrieben hat, dann wissen Sie, dass Sie selbst die Verantwortung für Ihre Entwicklung als Leiter tragen. Dies wird Ihnen Zeit und Entschlossenheit abverlangen. Aber es wird Ihre Effektivität als Leiter sehr verbessern. Lesen Sie sich die vier praktischen Übungen auf den folgenden durch, holen Sie Ihren Kalender heraus, und erstellen Sie einen Plan, wie Sie wenigstens eine davon im Laufe des nächsten Monats durchführen können.*

Lektion 2: Die Person, die am schwersten zu führen ist

Die meisten von uns denken bei Führung daran, „nach unten" zu leiten, nämlich die Mitglieder unseres Teams oder diejenigen „unter uns" im Unternehmen oder in der Organisation. Aber im Gegenteil dazu ist der Mensch, der am schwierigsten zu leiten ist, der, der uns im Spiegel anschaut: wir selbst.

Fachleute sagen, die ausgeprägte Fähigkeit, sich selbst zu führen, sei einer der wichtigsten Faktoren für den beruflichen Erfolg. Wenn wir die Verantwortung für unsere eigene Entwicklung als Leiter übernehmen, eröffnen wir uns also die Möglichkeit, immer mehr Einfluss zu gewinnen.

Der Apostel Paulus riet im 1. Jahrhundert den Gemeindeleitern in Rom, ihre Verantwortung ernst zu nehmen (Römer 12,8). Die eigene Verantwortung als Leiter ernst nehmen heißt, wir sind dafür verantwortlich, unsere Gaben bestmöglich einzusetzen. Der positive oder negative Einfluss, den eine einzelne Führungskraft in unserer Gesellschaft haben kann, ist enorm groß. Sie müssen sich nur an Ihrem Arbeitsplatz umsehen oder an Ihrem Wohnort oder in unserer Welt, um zu sehen, welche Auswirkungen schlechte oder gute Führung hat. Sie dürfen im ständigen Auf und Ab Ihrer Leitungsverantwortung niemals aufhören, an Ihren Fähigkeiten zu arbeiten.

Es gibt viele Methoden, sich als Leiter weiterzuentwickeln. Lesen Sie die praktischen Übungen auf den nächsten Seiten durch, und wählen Sie eine davon aus, die Sie im Laufe des nächsten Monats machen werden. Übernehmen Sie die Verantwortung, indem Sie an Ihrer Selbst-Führung arbeiten. Fangen Sie gleich damit an!

PRAKTISCHE ÜBUNGEN

Die Person, die am schwersten zu führen ist

FÜHREN SIE REGELMÄSSIG TAGEBUCH ÜBER IHRE LEITUNGSGABE | S. 50
Diese Übung hilft Ihnen, Tagebuch über Ihre Leitungsaufgaben zu führen, indem zehn Kernfragen herausgearbeitet werden, die Ihnen helfen sollen, Ihre Leitung regelmäßig selbst zu beurteilen.

DIE LESEAUFGABE | S. 53
Diese Übung lädt ein, ein Buch über „Führung" zu finden, das Sie im Laufe des nächsten Monats lesen.

BEFRAGEN SIE EINEN LEITER | S. 54
Nutzen Sie diese Übung, um einen Leiter in Ihrem Umfeld zu finden, der bereits mehr Erfahrung in diesem Bereich hat und den Sie bewundern.

FÜHREN SIE MIT MEHR INTENSITÄT/DIE PRAKTISCHE HERAUSFORDERUNG | S. 55
Diese Übung bereitet Sie darauf vor, das Gespräch mit Ihrem Vorgesetzten zu suchen, um über Möglichkeiten der Fortbildung und Weiterentwicklung zu sprechen, damit Sie als Leiter wachsen.

PRAKTISCHE ÜBUNG

*Führen Sie regelmäßig Tagebuch
über Ihre Leitungsaufgaben*

Bill Hybels schlägt vor, Tagebuch über die eigene Führungsfähigkeit zu führen, und zwar regelmäßig. Legen Sie zunächst zehn Fragen fest, die Sie sich regelmäßig stellen wollen, um über Ihre Führung nachzudenken – zum Beispiel einmal im Monat oder im Quartal. Nehmen Sie sich jetzt Zeit, diese Fragen aufzuschreiben, um eine erste Einschätzung Ihrer Leitertätigkeit vorzunehmen. Dieses Tagebuch sollte Ihr ständiger

VISIONÄR

SELBST

ZWISCHEN-
MENSCHLICH

ORGANISATORISCH

BERUFUNG

Begleiter sein, damit Sie wichtige Momente als Führungsperson festhalten können. Denken Sie darüber nach, jedes Jahr ein neues Tagebuch anzufangen.

Die folgende Liste von Themen und Bill Hybels' erste Fragen in der nachfolgenden Tabelle sollen Ihnen helfen, zehn eigene Fragen zu formulieren, über die Sie in regelmäßigen Abständen nachdenken. Es sollten auch herausfordernde Fragen dabei sein, durch die Sie Erkenntnisse über Ihre Selbst-Führung gewinnen. Themen, die Sie bedenken sollten, sind unter anderem:

- geistliche Übungen

- körperliche Aktivitäten

- Ruhe und Erholungsphasen

- Übereinstimmung von Terminkalender und Prioritäten

- der Zustand Ihrer wichtigsten Beziehungen

- Mitgefühl

- Konfliktmanagement

- Wertschätzung gegenüber anderen

- disziplinierter Umgang mit den Finanzen

- eigene Integrität

1.	*Entwickle ich mich als Leiter positiv? Inwiefern?*
2.	*Inspiriere ich diejenigen, die Gott mir anvertraut hat? Wie kann ich das in Erfahrung bringen?*
3.	
4.	
5.	

6.

7.

8.

9.

10.

Wenn Sie Ihre zehn Schlüsselfragen verfasst haben, sollten Sie sich im Verlauf des nächsten Monats Zeit nehmen, um Ihre Gedanken zu jeder Frage festzuhalten. Was verraten Ihnen Ihre Notizen über Ihre gegenwärtigen Stärken als Leiter? An welchen Bereichen müssen Sie noch arbeiten?

Schließen Sie diese Übung ab, indem Sie sich in Ihren Terminkalender einmal im Monat oder im Quartal eine Auszeit eintragen, in der Sie die Antworten auf diese zehn Fragen in Ihr Tagebuch schreiben. Tun Sie das regelmäßig. Ermutigen Sie sich selbst, indem Sie sich Ihren Erfolg immer wieder vor Augen halten.

Diese Übung kann zwischen einer und zwei Stunden dauern, je nachdem, wie gründlich Sie darüber nachdenken.

STOPP:

Gehen Sie zu „Und jetzt?" auf Seite 59, wenn Sie mit dieser Übung fertig sind. Dort finden Sie weitere Anregungen, Schritte und Hilfsmittel.

PRAKTISCHE ÜBUNG

Die Leseaufgabe

Suchen Sie sich ein Buch zum Thema „Führung", und nehmen Sie sich vor, es im Laufe des nächsten Monats zu lesen. Vielleicht finden Sie eine bis drei weitere Personen, die das Buch ebenfalls lesen möchten. Schreiben Sie nach dem Lesen des Buches Ihre Antworten auf die folgenden Fragen auf. Wenn Sie das Buch gemeinsam mit anderen lesen, sollten Sie sich kurz treffen, um sich über Ihre Antworten auszutauschen.

FÜHREN	SPEZIELLE FÜHRUNGS-FÄHIGKEITEN	LEITER-BIOGRAFIEN
• The Effective Executive, Peter F. Drucker	• Heikle Gespräche, Kerry Patterson u. a.	• Mein Weg, Colin Powell
• Der Weg zu den Besten, Jim Collins	• Offen gesagt, Douglas Stone u. a.	• Mit harten Bandagen, Carly Fiorina
• Winning: Das ist Management, Jack Welch	• Die 5 Dysfunktionen eines Teams, Patrick Lencioni	
• Die Kunst des Führens, Bill Hybels	• Verletzlichkeit macht stark, Brené Brown	
	• Leading Change, John Kotter	

Diese Übung kann 1 bis 8 Stunden dauern, je nachdem, wie schnell Sie lesen.

STOPP:

Gehen Sie zu „Und jetzt?" auf Seite 59, wenn Sie mit dieser Übung fertig sind. Dort finden Sie weitere Anregungen, Schritte und Hilfsmittel.

53

PRAKTISCHE ÜBUNG

Befragen Sie einen Leiter

Suchen Sie sich eine Führungspersönlichkeit in Ihrer Umgebung, die Sie bewundern und von der Sie lernen möchten, und stellen Sie ihr einige Fragen. Wenn Sie um einen Termin bitten, sollten Sie ähnlich beginnen, wie Bill Hybels es getan hat: „Ich habe so großen Respekt vor dem, was Sie aufgebaut haben, dass ich Sie zum Mittagessen einladen möchte." Erzählen Sie der Person, dass das Ganze nur eine halbe oder eine Stunde dauern wird und dass Sie drei ganz gezielte Fragen vorbereitet haben. Bereiten Sie sich auf das Gespräch vor, indem Sie Fragen ausarbeiten, die 1. enorm wichtig für Ihre momentanen Leitungsaufgaben sind, 2. einen Bereich betreffen, auf dem sich Ihr Gegenüber auskennt, und 3. sich nicht um etwas drehen, das Sie auch selbst herausfinden könnten, indem Sie lesen, was Ihr Gegenüber geschrieben oder worüber er gesprochen hat.

Schreiben Sie Ihre drei Fragen auf:

1.

2.

3.

Schreiben Sie nach dem Interview in Ihr Tagebuch, welche Erkenntnisse Sie gewonnen haben.

- Welche der Aussagen Ihres Gegenübers hat Sie überrascht?
- Welchen Rat hat Ihr Gegenüber Ihnen gegeben?
- Inwiefern hat Ihr Gegenüber Ihre Denkweise infrage gestellt?
- Was werden Sie nach diesem Interview anders machen?

VISIONÄR

SELBST

ZWISCHEN-
MENSCHLICH

ORGANISATORISCH

BERUFUNG

Diese Übung kann ein bis drei Stunden dauern, je nachdem, wie viele Gedanken Sie sich machen und was Sie aufschreiben. Machen Sie sich keine Sorgen, wenn Sie nicht innerhalb des nächsten Monats einen Termin mit jemandem vereinbaren können. Sie können sich auch später noch mit Ihrer Gruppe darüber austauschen.

STOPP:

Gehen Sie zu „Und jetzt?" auf Seite 59, wenn Sie mit dieser Übung fertig sind. Dort finden Sie weitere Anregungen, Schritte und Hilfsmittel.

PRAKTISCHE ÜBUNG

Führen Sie mit mehr Intensität /
Die praktische Herausforderung

In dieser Einheit sagte Bill Hybels, dass Leiter sich darum bemühen sollten, jeden Tag mit mehr Intensität zu leiten, weil sie sich zu 70 Prozent bei der Arbeit – sozusagen „on the job" – weiterentwickeln. Formales Lernen kann Sie nur ein Stück weit bringen. Sie entwickeln sich am schnellsten, wenn Sie sich in eine neue Situation begeben, in der Sie sich zurechtfinden müssen.

Diese Übung soll Sie auf ein Gespräch mit Ihrem Vorgesetzten über Ihre Entwicklungsmöglichkeiten bei der Arbeit vorbereiten.

1. SCHRITT: REFLEKTIEREN

Nehmen Sie sich Zeit, um über mögliche Wachstumserfahrungen nachzudenken, auf die Sie sich in den nächsten 6 bis 12 Monaten an Ihrer Arbeitsstelle einlassen möchten. Orientieren Sie sich dabei an den nachfolgenden Fragen:

1. Nachfolgend einige Beispiele von gängigen praktischen Erfahrungen bei der Arbeit. Streichen Sie sich diejenigen an, die Ihnen interessant erscheinen oder die auf Ihre Arbeitsplatzsituation zutreffen. Sie können auch weitere Beispiele ergänzen.

Mehr Verantwortung übernehmen

- Übernehmen Sie die folgenden neuen Verantwortungsbereiche:

- Übernehmen Sie stellvertretend für Ihren Vorgesetzten die Leitung einer Aufgabe oder einer Besprechung.

- Übernehmen Sie die Leitung eines Teams.

- Übernehmen Sie mehr Entscheidungsgewalt.

- Steigern Sie die Zahl an Abläufen, Projekten oder Abteilungen, die Sie leiten.

- Sonstige:

Probleme lösen

- Nehmen Sie an einer vorübergehend eingerichteten Arbeitsgruppe zur Lösung eines organisatorischen Problems teil.

- Nehmen Sie ein Problem oder einen Ablauf in Angriff, der nicht funktioniert, indem Sie sich Feedback von Ihren Kollegen oder einem erfahreneren Leiter holen und einen neuen Ansatz ausprobieren.

- Schlagen Sie neue, innovative Ansätze für Ihre jetzigen Arbeitsabläufe vor.

- Wenden Sie einen disziplinierten Lösungsansatz, wie z. B. Six Sigma (6) , auf ein vorhandenes Problem an.

Neue Erfahrungen machen

- Vertreten Sie einen Kollegen.

- Arbeiten Sie in einem anderen Bereich in einem Projektteam oder einem Komitee mit.

- Suchen Sie bewusst den Kontakt zu Personengruppen, mit denen Sie sonst nichts zu tun haben, z. B. Spender, potenzielle Kunden, ehrenamtliche Mitarbeiter, die Führungsebene, Vorstandsmitglieder.

- Übernehmen Sie Aufgaben, die Sie bisher noch nie gemacht haben, z. B. die Erstellung von Präsentationen oder Budgets, das Führen von Vorstellungsgesprächen.

2. Denken Sie jetzt einmal über Ihren Dienstbereich oder Ihre Organisation nach. Welche Projekte, Bereiche oder Aufgaben außerhalb Ihrer jetzigen Aufgaben und Verantwortungsbereiche würden Sie interessieren? Welchem Bedürfnis könnten Sie innerhalb Ihres jetzigen Aufgabenbereichs begegnen oder welche Verantwortung könnten Sie übernehmen, damit Sie Ihre Fähigkeiten erweitern? Notieren Sie sieben Bereiche, die Sie interessieren, und beschreiben Sie, inwiefern diese Ihnen helfen zu wachsen.

PROJEKTE, AUFGABEN, ERWEITERTE VERANTWORTUNG	INWIEFERN HILFT MIR DIESE AUFGABE DABEI, MICH WEITERZUENTWICKELN?
1	
2	
3	
4	
5	
6	
7	

3. Schauen Sie sich noch einmal an, was Sie bei Frage 1 angestrichen und bei Frage 2 aufgeschrieben haben. Grenzen Sie die Auswahl auf vier mögliche Entwicklungsbereiche ein, die Sie Ihrem Vorgesetzten als Ihren beruflichen Wachstumsplan für die nächsten 6 bis 12 Monate vorschlagen können.

MEINE 4 FAVORITEN:

1.

2.

3.

4.

2. SCHRITT: TREFFEN SIE SICH MIT IHREM VORGESETZTEN

Treffen Sie sich mit Ihrem Vorgesetzten oder einem Mentor, um über Ihre berufliche Entwicklung zu sprechen. Stellen Sie Ihre vier Favoriten vor, und besprechen Sie, welche ein oder zwei davon in den nächsten 6 bis 12 Monaten am besten zu realisieren sind.

3. SCHRITT: ÜBERNEHMEN SIE NEUE AUFGABEN

Wenn Sie die Gelegenheit dazu haben, dann probieren Sie mit Zustimmung Ihres Vorgesetzten neue Aufgaben aus. Schreiben Sie auf, wie es Ihnen damit ergangen ist, und erzählen Sie Ihrer Gruppe davon.

Diese Übung kann etwa ein bis zwei Stunden dauern, je nachdem, wie gründlich Sie nachdenken, wie lange das Treffen mit Ihrem Vorgesetzten dauert und welche neue Aufgabe Sie ausprobieren.

STOPP:

Gehen Sie zu „Und jetzt?" auf Seite 59, wenn Sie mit dieser Übung fertig sind. Dort finden Sie weitere Anregungen, Schritte und Hilfsmittel.

UND JETZT?

Eine Verhaltensänderung braucht Zeit – ganz gleich, ob es sich um das eigene Verhalten oder das einer anderen Person handelt. Wenn Sie in diesem Monat versucht haben, sich anders zu verhalten, und Ihnen dies alles andere als leichtfiel, dann seien Sie nicht entmutigt. Je mehr Sie sich darum bemühen, bewusst an Ihrer Entwicklung als Leiter zu arbeiten, desto natürlicher wird Ihnen das mit der Zeit vorkommen. Vielleicht wollen Sie ja noch eine zweite praktische Übung machen. Nehmen Sie sich aber auf jeden Fall die Zeit, um zu analysieren, wie sich das Gelernte auf Ihre Arbeit anwenden lässt. Setzen Sie sich Ziele, und beziehen Sie andere ein, die Ihnen helfen, das Gelernte wirklich umzusetzen.

> **ES IST GANZ ALLEIN IHRE SACHE, SICH PROAKTIV UM IHRE ENTWICKLUNG ZU BEMÜHEN.**

Als Leiter ist man nie „fertig". Die Umstände ändern sich, die Leute ändern sich, die Rahmenbedingungen ändern sich, der Markt ändert sich und der Aufgabenbereich und Umfang Ihrer Rolle als Leiter ändern sich. Die ständige Dynamik Ihres Umfelds erfordert, dass Sie sich als Leiter ständig weiterentwickeln. Vieles von dem, was Sie lernen müssen, kostet Sie nichts und wird Ihnen auf der Arbeit geboten. Tagebuch über die eigenen Leitungsaufgaben zu führen ist eine gute Gewohnheit, und sich selbst regelmäßig Ziele für die eigene Entwicklung zu setzen kann der zündende Funke für Ihr Wachstum sein. Lernen Sie das ganze Jahr über immer wieder dazu, indem Sie Bücher über Führung lesen, an Seminaren teilnehmen und sich auf der Arbeit oder im Dienst neuen Aufgaben stellen. Sorgen Sie aber dafür, dass Sie unterschiedliche Methoden zum Wachstum anwenden.

Doch vergessen Sie eines nicht: Sie sind selbst für Ihr Wachstum verantwortlich. Es ist ganz allein Ihre Sache, sich proaktiv um Ihre Entwicklung zu bemühen. Nehmen Sie sich die Worte des Apostels Paulus an die Leiter der Gemeinde in Rom zu Herzen und leiten Sie mit ganzer Hingabe.

MEIN UMSETZUNGSPLAN: DIE PERSON, DIE AM SCHWERSTEN ZU LEITEN IST

Planen Sie Ihre nächsten Schritte zur Selbst-Führung mithilfe der nachfolgenden Tabelle. Möchten Sie einen Leiter in Ihrer Nähe befragen oder einen Leseplan für ein Buch aufstellen? Vielleicht möchten Sie auch zu einer Konferenz fahren oder an einem Kurs teilnehmen oder an einem neuen Projekt auf der Arbeit oder in der Gemeinde mitarbeiten, das Sie herausfordern wird. Tragen Sie den nächsten Schritt in die Tabelle ein, und überlegen Sie sich eine realistische Deadline dazu und wen Sie in Ihren Plan mit einbeziehen müssen.

NÄCHSTER SCHRITT	BIS WANN?	WEN EINBEZIEHEN?	WER KANN MIR HELFEN/ MICH COACHEN?

Einheit 3

DIE 360-GRAD-FÜHRUNG BEHERRSCHEN

Die meisten von uns müssen in ihren Leiterbeziehungen besser werden. Manche können recht gut nach unten führen. Aber Ihre Ellbogen sind zu spitz für die horizontale Führung. Manche leiten horizontal recht gut, haben aber noch nie an die Führung nach oben gedacht. Mit der Zeit werden Sie sich mit der Führung nach oben, nach unten und der horizontalen Führung wohler fühlen. Dann werden Sie das Gefühl haben, dass Menschen zu führen ein großes Privileg ist.

Bill Hybels

GRUPPENTREFFEN

ANKOMMEN (15 MINUTEN)

Willkommen bei Einheit 3 von „Führungs-Kraft". Ein ganz wichtiger Punkt beim
Erlernen neuer Fähigkeiten ist der Input von anderen Mitgliedern der Gruppe.
Tauschen Sie sich über Ihre Erfahrungen mit den praktischen Übungen aus Einheit 2:
„Die Person, die am schwersten zu führen ist" aus. Orientieren Sie sich beim Gespräch
an den folgenden Fragen:

- Welche praktische Übung haben Sie gemacht?
- Wie war diese Erfahrung für Sie?
- Was sind für Sie die wichtigsten nächsten Schritte, um Ihre Selbst-Führung
  weiterzuentwickeln?

DVD: DIE 360-GRAD-FÜHRUNG BEHERRSCHEN (20 MINUTEN)
Schauen Sie sich Einheit 3 der DVD an. Die nachfolgenden Stichpunkte sollen
Ihnen helfen, der DVD zu folgen oder sich Notizen zu machen.

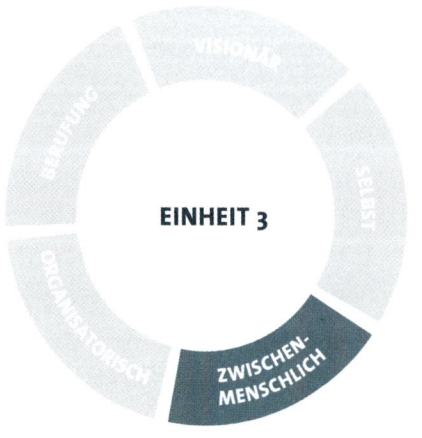

EINHEIT 3

Zeitlicher Rahmen:	Ankommen:
90 Minuten	15 Minuten
	DVD-Einheit:
	20 Minuten
	Gruppengespräch:
	40 Minuten
	Meine persönliche
	Herausforderung:
	5 Minuten
	Den Sack zubinden:
	5 Minuten

360-Grad-Führung

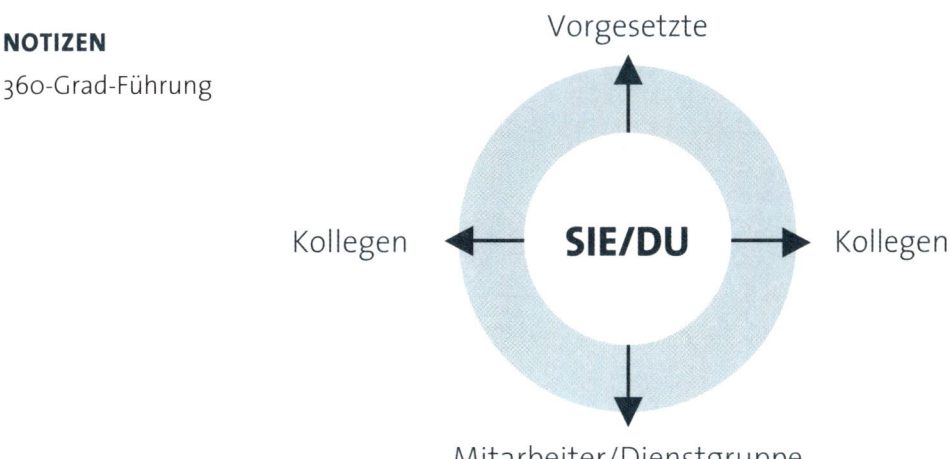

Nach unten leiten

DIE HERRSCHER DER VÖLKER ... UNTERDRÜCKEN IHRE LEUTE ...
BEI EUCH MUSS ES ANDERS SEIN! WER UNTER EUCH GROSS SEIN
WILL, SOLL EUER DIENER SEIN.

MATTHÄUS 20,25–26

Ausgezeichnete Menschen sind schwer zu finden.

- Charakter

- Kompetenz

- Chcmic

Horizontal leiten

Nach oben leiten

Wenn Sie Ihrem Vorgesetzten nicht helfen, einen besseren Weg zu finden, missachten Sie ihren Vorgesetzen.

Vorgesetzte beeinflussen:

•   Seien Sie richtig gut in Ihrem Job.

•   Wählen Sie den richtigen Zeitpunkt.

•   Tun Sie es mit Respekt.

GRUPPENGESPRÄCH (40 MINUTEN)

1.   Jesus hat seine Jünger aufgefordert, in jeder Beziehung dienende Leiter zu sein (Matthäus 20,25–26). Was ist Ihnen an Bills Vortrag am meisten aufgefallen? Wie können Sie das Prinzip der dienenden Leitung auf Ihre 360-Grad-Beziehungen anwenden?

---

* Über Kultur wird Bill Hybels in Einheit 4 sprechen und über Berufung in Kapitel 5.

2. Hybels hat vorgeschlagen, sich Gedanken darüber zu machen, wie bei uns
    persönlich die horizontale Leitung, die Leitung nach oben bzw. nach unten
    aussieht. Tragen Sie Ihre 360-Grad-Beziehungen in die nachfolgende Tabelle ein.
    Markieren Sie sie dann mit einem Plus, einem Minus oder einem Haken, je nach
    Stand der Beziehung.

+	√	–
gute Beziehung	normale Beziehung	schlechte Beziehung

BEISPIEL FÜR EIN BEZIEHUNGSDIAGRAMM

NACH OBEN	Andreas +	Julia +	Iris √	Thomas √	Chris +
HORIZONTAL	Leo –	Daniel –	**ich**	Deborah –	Tim √
NACH UNTEN	Johannes +	Nico +	Diana √	David √	

MEIN BEZIEHUNGSDIAGRAMM

NACH OBEN	
HORIZONTAL	**ich**
NACH UNTEN	

Fällt Ihnen ein Muster auf, wenn Sie Ihr Beziehungsdiagramm betrachten?

3. Wie können Sie gezielt in die normalen und die schlechten Beziehungen investieren?

4. Hybels schlägt vor, das eigene Team nach den Kriterien Charakter, Kompetenz und Chemie zusammenzustellen. Denken Sie einmal an Ihr Team.

- Welches dieser drei Kriterien ist in Ihrem Team am stärksten ausgebildet?

- Bei welchem dieser drei Kriterien gibt es noch am meisten Luft nach oben?

- Überlegen Sie gemeinsam in der Gruppe, mit welchen konkreten Schritten Sie an dem gerade genannten Punkt arbeiten können.

5. Hybels sagte, dass es zu einer guten horizontalen Führung gehört, durch Einfluss zu leiten, nicht durch Macht. Ergänzen Sie die nachfolgenden beiden Listen aus Ihrer eigenen Erfahrung. Die eine Liste beschreibt eine starke horizontale Führung, die andere eine schlechte horizontale Führung. Sprechen Sie in der Gruppe über Ihre Liste.

EIGENSCHAFTEN EINER STARKEN HORIZONTALEN FÜHRUNG	EIGENSCHAFTEN EINER SCHLECHTEN HORIZONTALEN FÜHRUNG
Mitarbeiter stellen ihre eigenen Interessen hintenan, um anderen zu helfen.	Mitarbeiter sind selbst-zentriert
Das Team opfert seinen Status/sein Budget für ein höheres Ziel.	Die Teams isolieren sich und kämpfen gegeneinander um Ressourcen.

Was steht einer guten horizontalen Leitung in Ihrer Organisation im Weg?

6. Zeichnen Sie in der nachfolgenden Skala ein, wie sicher Sie sich fühlen, mit Personen, die über Ihnen stehen, offen zu reden. Sprechen Sie, wenn es Ihnen nicht unangenehm ist, in der Gruppe über diesen Punkt und darüber, wie Sie sich hier weiterentwickeln können.

1 _____ 6

Offene Gespräche mit Leitern
und Vorgesetzten sind mir gar
nicht unangenehm.

Offene Gespräche mit Leitern
und Vorgesetzten sind mir ganz
unangenehm.

7. Sprechen Sie über Bill Hybels' drei Vorschläge, wie man nach oben leiten kann. Wie können Sie sich in diesen Bereichen verbessern?

*   Seien Sie richtig gut in Ihrem Job.

*   Wählen Sie den richtigen Zeitpunkt.

*   Tun Sie es mit Respekt.

MEINE PERSÖNLICHE HERAUSFORDERUNG (5 MINUTEN)

Mein Plan, um mich in der 360-Grad-Führung weiterzuentwickeln

Nehmen Sie sich zum Abschluss des Gruppentreffens noch 5 Minuten Zeit, um darüber nachzudenken, was Sie persönlich aus dieser Einheit mitnehmen. Entscheiden Sie sich dann für eine praktische Übung, mit der Sie sich bis zum nächsten Mal beschäftigen werden.

8. Die zwei wichtigsten Erkenntnisse, die ich mitnehme, sind:

> *1.*
>
> *2*

9. Welche praktische Übung würde Ihnen am meisten dabei helfen, sich im Verlauf des nächsten Monats im Bereich der 360-Grad-Führung weiterzuentwickeln? Die Aussage, die Sie ausgewählt haben, gibt Ihnen einen Hinweis darauf, welche praktische Übung Sie als Leiter am meisten weiterbringt.

O Verbessern Sie die Beziehungen im Team, indem Sie eine Übung zur Verbesserung der 360-Grad-Führung machen. (Praktische Übung: 360-Grad-Führung als Team entwickeln, S. 72)

O Bewerten Sie die Stärke Ihres Teams in den Punkten Charakter, Kompetenz und Chemie. (Praktische Übung: Das Team bewerten, S. 73)

O Entwerfen Sie Fragen für Vorstellungsgespräche mit zukünftigen Teammitgliedern, um Charakter, Kompetenz und Chemie einzuschätzen. (Praktische Übung: Eine Anleitung für Vorstellungsgespräche entwerfen, S. 75)

O Überwinden Sie Hindernisse in horizontalen Beziehungen und stärken Sie die Beziehungen zu Personen auf Ihrer Ebene. (Praktische Übung: Wirkungsvolle Beziehungen zu Gleichrangigen aufbauen, S. 76)

O Denken Sie darüber nach, wie Sie besser nach oben leiten können. (Praktische Übung: Aufrichtige Beziehungen zu Vorgesetzten aufbauen. S. 78)

10. Meine praktische Übung ist:

Erzählen Sie der Gruppe, welche praktische Übung Sie ausgewählt haben.

DEN SACK ZUBINDEN (5 MINUTEN)

Schließen Sie das Treffen mit Gebet ab. Bitten Sie Gott, jedem Mitglied der Gruppe dabei zu helfen, im Bereich der 360-Grad-Führung im Laufe des nächsten Monats deutliche Fortschritte zu machen.

Leiten ist eine sehr beziehungsintensive Sache. Wenn Sie Ihre Beziehungsfähigkeiten entwickeln, wird Ihnen das helfen, Ihre Initiativen „vom Hier zum Dort" voranzubringen. Lesen Sie sich die fünf praktischen Übungen zur 360-Grad-Führung auf den nächsten Seiten durch und machen Sie wenigstens eine davon im Laufe des nächsten Monats.

Einheit 3: Die 360-Grad-Führung beherrschen

Wenn Leiter eine Initiative „vom Hier zum Dort" bringen wollen, werden sie unweigerlich mit anderen Menschen interagieren und sie beeinflussen müssen. Zusätzlich zu den Beziehungen in unserem Team sind wir alle auch noch gegenüber Vorgesetzten und Kollegen verantwortlich, die an anderer Stelle an der gleichen Mission arbeiten.

Die Einheit „Zwischenmenschliche Führung" deckt alle Fähigkeiten ab, die man für den zwischenmenschlichen Aspekt von Leiterschaft braucht. Jesus sagte seinen Jüngern, er erwarte von ihnen, dass sie andere leiteten, indem sie ihnen dienten, nicht indem sie sie unterdrückten und Macht ausübten (Matthäus 20,25–26). Handlungs- und zielorientierten Leitern sollte die Erfüllung von Aufgaben nicht wichtiger sein als das Wohlergehen der Menschen. Die eigene Fähigkeit zu entwickeln, ein 360-Grad-Leiter zu sein, ist vielleicht eine der größten Herausforderungen für eine Person mit Führungsverantwortung.

Die meisten Bücher über Führung handeln davon, wie man Menschen führt, die einem untergeordnet sind. Material über horizontale Leitung oder Leitung nach oben gibt es viel weniger. Trotz des Mangels an Informationsquellen ist es eine Tatsache, dass die Effektivität und der Erfolg Ihrer Führung von jeder dieser Beziehungen abhängen. Sie müssen Ihre Vorgesetzten und Kollegen genauso überlegt und bewusst führen wie Personen, die Ihnen untergeordnet sind. Sie werden Ihr Potenzial als Leiter nur so weit entwickeln können, wie Sie Zeit und Mühe in diese Beziehungen investieren.

Arbeiten Sie an Ihrer 360-Grad-Führung, indem Sie wenigstens eine der praktischen Übungen dazu umsetzen.

PRAKTISCHE ÜBUNGEN

Die 360-Grad-Führung beherrschen

ENTWICKELN SIE DIE 360-GRAD-FÜHRUNG ALS TEAM | S. 72

Besprechen Sie die 360-Grad-Führung mit Ihrem Team. Wie können Sie als Team mit diesen Beziehungen umgehen?

BEURTEILEN SIE IHR TEAM | S. 73

Beurteilen Sie Ihr Team anhand der Kriterien Charakter, Kompetenz und Chemie. Welche praktischen Schritte könnten Sie unternehmen, um diese Bereiche zu verbessern?

ENTWICKELN SIE EINEN LEITFADEN FÜR VORSTELLUNGSGESPRÄCHE | S. 75

Entwickeln Sie mit Ihrem Team anhand der Kriterien Charakter, Kompetenz und Chemie einen Leitfaden für Vorstellungsgespräche für die Einstellung zukünftiger Mitarbeiter oder ehrenamtlicher Helfer.

BAUEN SIE BEZIEHUNGEN ZU GLEICHRANGIGEN KOLLEGEN AUF | S. 76

Schauen Sie sich Ihr Beziehungsdiagramm auf Seite XX noch einmal an. Wie könnten Sie gleichrangigen Kollegen dienen und die Beziehung zu ihnen pflegen und verbessern?

BAUEN SIE EINE AUFRICHTIGE BEZIEHUNG ZU IHREM VORGESETZTEN AUF | S. 78

Finden Sie heraus, wie Sie und Ihr Vorgesetzter am besten zusammenarbeiten.

PRAKTISCHE ÜBUNG

Entwickeln Sie die 360-Grad-Führung als Team

Es kann sehr herausfordernd und lehrreich sein, mit Ihrem Team über 360-Grad-Führung zu sprechen – und es kann Ihnen dabei helfen, die Atmosphäre im Team zu verbessern. Wenn Sie Ihr Team mit einbeziehen, wächst das gemeinsame Verständnis für die Dynamik der 360-Grad-Führung, was letztlich die Effektivität Ihres Teams steigern kann.

Treffen Sie sich mit Ihrem Team und stellen Sie ihm mithilfe eines Ausschnitts aus der DVD oder Ihrer eigenen Zusammenfassung das Prinzip der 360-Grad-Führung vor.

1. Stellen Sie drei Flipcharts im Raum verteilt auf und beschriften Sie sie entsprechend der drei Spalten auf der nachfolgenden Tabelle.

2. Bitten Sie die Teammitglieder, sich gleichmäßig auf die drei Tafeln zu verteilen, über die Fragen auf ihrer Tafel zu sprechen und ihre Antworten aufzuschreiben.

3. Bitten Sie anschließend jeweils eine Person aus der Gruppe, dem ganzen Team die Antworten vorzustellen. Sprechen Sie dann mit der gesamten Gruppe über diese Präsentationen. Unterstreichen Sie wichtige Punkte in diesen Präsentationen noch einmal und fassen Sie sie zusammen. (Hinweis: Wenn Ihr Team klein ist, sollten Sie die Fragen vielleicht alle gemeinsam durcharbeiten.)

VORGESETZTE	GLEICHRANGIGE KOLLEGEN	UNTERGEORDNETE MITARBEITER
Von ihm/ihr brauche ich ...	Von ihnen brauche ich ...	Von ihnen brauche ich ...
Er/sie braucht von mir ...	Sie brauchen von mir ...	Sie brauchen von mir ...
Ratschläge für eine gute Beziehung	Ratschläge für eine gute Beziehung	Ratschläge für eine gute Beziehung

4. Sprechen Sie nun darüber, wie es Ihrem Team mit der 360-Grad-Führung geht. Wo liegen die Stärken? Wo können Sie sich noch verbessern?

5. Beschließen Sie zum Schluss als Team, welche gemeinsamen Schritte Sie als Nächstes unternehmen wollen.

Diese Übung kann eine bis eineinhalb Stunden dauern, je nachdem, wie groß Ihr Team und wie intensiv die Diskussion ist.

STOPP:

Gehen Sie zu „Und jetzt?" auf Seite 80, wenn Sie mit dieser Übung fertig sind. Dort finden Sie weitere Anregungen, Schritte und Hilfsmittel.

PRAKTISCHE ÜBUNG

Beurteilen Sie Ihr Team

Ein Team zu leiten bedeutet mehr, als nur Aufgaben zu verteilen und das Ergebnis zu bewerten. Bill Hybels hat vorgeschlagen, dass Sie als Leiter nicht nur die Aufgaben-verteilung im Team managen, sondern die Entwicklung Ihres Teams mithilfe der drei Kriterien Charakter, Kompetenz und Chemie lenken. Beantworten Sie die folgenden Fragen im Blick auf Ihr jetziges Team.

st=stark	m=mittel	sch=schwach	?=weiß nicht
(Das Teammitglied ist in diesem Bereich sehr gut.)	(Das Teammitglied hat in diesem Bereich sowohl Stärken als auch Schwächen.)	(In diesem Bereich habe ich ernsthafte Zweifel an den Fähigkeiten dieses Teammitglieds.)	(Ich bin mir nicht sicher/ brauche mehr Informationen.)

Name	Wie stark ist jedes Kriterium ausgeprägt? (stark, mittel, schwach, weiß nicht)			schwächstes Kriterium
	Charakter	Kompetenz	Chemie	

Schauen Sie sich Ihre Einschätzung der Teammitglieder noch einmal an. In welchem Bereich haben Mitglieder mit Leitungsfunktion die meisten Defizite? Oder durch welches fällt es ihnen schwer, ihren Beitrag zum Team zu leisten? Schreiben Sie dieses Kriterium jeweils in die letzte Spalte in die Rubrik „schwächstes Kriterium".

Wie können Sie in den Bereichen, in denen Sie jeweils ein Fragezeichen gesetzt haben, mehr über Ihre Teammitglieder erfahren, um sie besser bewerten zu können?

Treffen Sie sich mit jedem Mitarbeiter einzeln, um über Ihre Einschätzung zu sprechen. Heben Sie ihre/seine Stärken deutlich hervor. Wenn es Schwachpunkte gibt, können Ihnen die folgenden praktischen Schritte vielleicht helfen:

- Charakterschwächen: Sprechen Sie konkrete Situationen an, in denen Ihnen Charakterschwächen aufgefallen sind. Entwickeln Sie gemeinsam mit dem Teammitglied einen Plan, um daran zu arbeiten.

- Kompetenzschwächen: Benennen Sie ganz klar die Bereiche, in denen sich der Mitarbeiter noch entwickeln/fortbilden muss, und entwerfen Sie einen Plan mit konkreten Schritten.

- Zwischenmenschliche Schwächen (Chemie): Manchmal können Vorgesetzte die Chemie zwischen sich und einem Teammitglied verbessern, indem sie

sich Zeit nehmen, den Mitarbeiter sowohl bei der Arbeit als auch außerhalb besser kennenzulernen. Planen Sie Zeit ein, um das Teammitglied besser kennenzulernen, mit dem die Chemie nicht ganz stimmt.

Konzentrieren Sie sich bei den Gesprächen auf anschauliche Beispiele. Sie müssen Ihren Teammitgliedern nicht im Einzelnen verraten, wie Sie sie bewertet haben. Konzentrieren Sie sich lieber auf Verbesserungsmöglichkeiten.

Diese Übung kann eine oder mehrere Stunden dauern, je nachdem, wie groß Ihr Team ist und wie viele Gespräche Sie führen müssen.

STOPP:

Gehen Sie zu „Und jetzt?" auf Seite 80, wenn Sie mit dieser Übung fertig sind. Dort finden Sie weitere Anregungen, Schritte und Hilfsmittel.

PRAKTISCHE ÜBUNG

*Entwickeln Sie einen Leitfaden
für Vorstellungsgespräche*

Ganz gleich, ob Sie gerade auf der Suche nach einem neuen Teammitglied sind oder vielleicht in Zukunft das Team erweitern wollen, diese Übung können Sie sofort anwenden. Erstellen Sie einen Leitfaden für Vorstellungsgespräche, der Ihnen hilft, potenzielle Teammitglieder nach Charakter, Kompetenz und Chemie zu beurteilen. Wenn Sie die Fragen und Herangehensweisen mit Ihrem Team besprechen, können Sie die Mitarbeitersuche mit klar abgestimmten Zielen angehen.

Sammeln Sie mit Ihrem Team Fragen, die Ihnen helfen werden, potenzielle neue Teammitglieder besser einzuschätzen. Beauftragen Sie jemanden, die Ideen schriftlich festzuhalten. Sammeln Sie so viele Fragen wie möglich.

- Welche Fragen und Hintergrundinformationen würden unserem Team helfen, den Charakter eines Bewerbers einzuschätzen?

- Wie können wir die Kompetenz eines Bewerbers beurteilen?

- Was hilft uns abzuschätzen, ob die Chemie zwischen einem Bewerber und dem Team stimmt?

Wenn Sie ausreichend Fragen und Anregungen zu jedem dieser Punkte zusammengetragen haben, sollten Sie sich noch ein paar Minuten nehmen, um die drei wichtigsten Fragen oder Vorgehensweisen zu jedem Punkt festzulegen. Ein Teammitglied sollte das Ergebnis schriftlich festhalten.

Beauftragen Sie zum Schluss jemanden, der die Fragen in einem Dokument festhält und an die Teammitglieder verteilt.

Diese Übung kann 45 bis 90 Minuten in Anspruch nehmen, je nachdem, wie groß Ihr Team und wie intensiv die Diskussion ist.

STOPP:

Gehen Sie zu „Und jetzt?" auf Seite 80, wenn Sie mit dieser Übung fertig sind. Dort finden Sie weitere Anregungen, Schritte und Hilfsmittel.

PRAKTISCHE ÜBUNG

Bauen Sie Beziehungen zu gleichrangigen Kollegen auf

Gute Beziehungen unter gleichrangigen Kollegen ist ein Zeichen für gesunde, gut funktionierende Teams. Wenn Machtkämpfe und Konkurrenzdenken unter Kollegen zunehmen, leidet nicht nur die Arbeit darunter, es schadet auch den Beziehungen und zerstört die Teamatmosphäre. Sie können die Beziehungen unter Kollegen verbessern, indem Sie andere Teammitglieder gezielt unterstützen.

Schauen Sie sich noch einmal Ihr Beziehungsdiagramm auf Seite 65 an. Wählen Sie zwei oder drei Kollegen aus, zu denen Sie eine bessere Beziehung aufbauen möchten. Überlegen Sie dann, was Sie tun könnten oder nicht mehr tun sollten, um die Beziehungen zu verbessern.

KOLLEGE/KOLLEGIN	WAS ICH TUN WILL	WAS ICH NICHT MEHR TUN WILL

Beziehungen unter Kollegen zu verbessern kann Monate dauern. Planen Sie für den Anfang ein bis zwei Aktivitäten zu jedem Kollegen ein und ab wann Sie diese im kommenden Monat umsetzen wollen. Denken Sie jedes Mal neu über die Beziehung nach, wenn Sie eine Sache umgesetzt haben. Halten Sie schriftlich fest, was sich in der Beziehung durch das, was Sie tun oder nicht mehr tun, verändert hat. Wie hat es sich auf Ihren Kollegen/Ihre Kollegin ausgewirkt? Wie hat es sich auf Ihre Einstellung zu dieser Person ausgewirkt? Bereiten Sie sich darauf vor, sich in der Lerngruppe über Ihre Erfahrungen auszutauschen.

Es kann zwischen einer halben und einer Stunde dauern über diese Punkte nachzudenken und konkrete Schritte zu planen.

STOPP:

Gehen Sie zu „Und jetzt?" auf Seite 80, wenn Sie mit dieser Übung fertig sind. Dort finden Sie weitere Anregungen, Schritte und Hilfsmittel.

PRAKTISCHE ÜBUNG

*Bauen Sie eine aufrichtige Beziehung
zu Ihrem Vorgesetzten auf*

Jeder Ihrer Vorgesetzten wird andere Erwartungen an Sie haben sowie einen anderen Führungsstil und eine andere Arbeitsweise. Sie können nicht davon ausgehen, dass Sie mit jedem auf die gleiche Weise effektiv zusammenarbeiten können. Es ist wichtig, dass Sie sich die Zeit nehmen, Ihre(n) Vorgesetze(n) kennenzulernen und herauszufinden, wie Sie am besten zusammenarbeiten.

Vielleicht deckt sich Ihre natürliche Arbeitsweise mit der natürlichen Arbeitsweise Ihres Vorgesetzten. Sollte das aber nicht der Fall sein, können Sie Ihre Beziehung zueinander verbessern, indem Sie entweder Ihre(n) Vorgesetzte(n) dazu zu bewegen versuchen, ihre oder seine Arbeitsweise zu ändern, oder indem Sie Ihre eigene Arbeitsweise anpassen.

Denken Sie über die vier Aspekte in der linken Spalte der folgenden Tabelle nach.

1. Schreiben Sie auf, in welcher Weise Sie bei jedem dieser Aspekte am liebsten mit Ihrem Vorgesetzten zusammenarbeiten würden. Was glauben Sie, bevorzugt Ihr Vorgesetzter?

2. Vereinbaren Sie ein Treffen mit Ihrem Vorgesetzten, um über Ihre Gedanken zu sprechen und ihn bzw. sie zu fragen, wie Sie Ihre berufliche Beziehung verbessern können.

3. Nehmen Sie sich nach dem Treffen Zeit, über das Gespräch nachzudenken. Halten Sie schriftlich fest, welche konkreten Dinge oder Verhaltensweisen Sie umsetzen müssen, um die Beziehung zu verbessern.

Es scheint Ihnen vielleicht gewagt, eine solche Unterhaltung mit einem Vorgesetzten zu führen. Wenn Sie das Thema nicht ganz so direkt angehen wollen, können Sie stattdessen auch Fragen stellen wie:

- *An welchen Stellen arbeiten wir gut zusammen?*
- *An welchen Stellen können wir unsere Zusammenarbeit noch verbessern?*

VISIONÄR

SELBST

ZWISCHEN-
MENSCHLICH

ORGANISATORISCH

BERUFUNG

BEZIEHUNGSASPEKT	ICH BEVORZUGE ...	MEIN VORGESETZTER BEVORZUGT ...
KOMMUNIKATION Den Vorgesetzten informieren und umgekehrt; gewünschte Häufigkeit und Methode der Kommunikation.		
ENTSCHEIDUNGEN Verstehen, wann und wie Ihr Vorgesetzter seine Zustimmung oder sein Veto zu Ihren Entscheidungen geben möchte.		
EINFLUSS Wie Sie Ihrem Vorgesetzten ehrliches Feedback zu getroffenen Maßnahmen und Entscheidungen oder der Teamdynamik geben.		
KONFLIKTE Die Art und Weise, wie und wann Ihr Vorgesetzter Konflikte anspricht.		

Diese Übung kann zwischen einer und zwei Stunden in Anspruch nehmen, je nachdem, wie gründlich Sie sich vorbereiten und wie lange das Treffen mit Ihrem Vorgesetzten dauert.

STOPP:

Gehen Sie zu „Und jetzt?" auf Seite 80, wenn Sie mit dieser Übung fertig sind. Dort finden Sie weitere Anregungen, Schritte und Hilfsmittel.

Je mehr Leitungsaufgaben Sie mit der Zeit übernehmen, desto höher werden auch die Ansprüche an Ihre Beziehungsfähigkeit und desto komplexer die zwischenmenschliche Dynamik. Die Zahl der Personen, Abteilungen, Aufgaben, Funktionen und Ausschüsse, mit denen Sie zu tun haben, wächst, und Sie werden als Leiter auf eine Weise herausgefordert, die Sie nicht für möglich gehalten haben. Vielleicht brauchen Sie die Zustimmung zu Dingen, und das Ganze endet in einem langwierigen Prozess, obwohl die Sache für Sie ganz eindeutig und klar ist. Menschen machen es komplizierter, Ziele zu stecken, Prioritäten zu ordnen, Finanzen zuzustimmen, Entscheidungen zu treffen und Veränderungen herbeizuführen. Der Erfolg eines Leiters hängt oft mehr von seiner Beziehungsintelligenz ab als von seinen intellektuellen Fähigkeiten.

Dabei werden Sie bewusst oder unbewusst immer wieder Entscheidungen darüber treffen, welche Art von Leiter Sie sein wollen. Studieren Sie die Menschen in Ihrem Umfeld, und versuchen Sie zu verstehen, was jeder braucht oder möchte – und warum. Die Wechselwirkungen Ihrer 360-Grad-Beziehungen ständig im Auge zu behalten ist oft der erste Schritt zu aktiver zwischenmenschlicher Leitung.

> **DIE WECHSELWIRKUNGEN IHRER 360-GRAD-BEZIEHUNGEN STÄNDIG IM AUGE ZU BEHALTEN IST OFT DER ERSTE SCHRITT ZU AKTIVER ZWISCHENMENSCHLICHER LEITUNG.**

Sehen Sie sich Ihr Beziehungsdiagramm immer wieder an und beurteilen Sie den aktuellen Stand Ihrer Beziehungen in Beruf oder Gemeindedienst. Räumen Sie der Pflege bestehender und dem Bau neuer Beziehungen Priorität ein. Die Zeit, die Sie in Beziehungen investieren, ist nie verlorene Zeit. Wenn Sie Ihre Beziehungen stärken, werden Sie zu einer glaubwürdigen und vertrauenswürdigen Führungskraft und den Lohn in Form von hervorragenden Ergebnissen erfahren. Aber was noch wichtiger ist: Sie schätzen das, was Gott am meisten liebt: Menschen.

MEIN UMSETZUNGSPLAN, UM DIE 360-GRAD-FÜHRUNG ZU BEHERRSCHEN

Planen Sie mithilfe der nachfolgenden Tabelle Ihre nächsten Schritte im Hinblick auf Ihre 60-Grad-Führung. Müssen Sie Charakter, Kompetenz und Chemie Ihres Teams beurteilen? Oder müssen Sie vielleicht an Ihren horizontalen Beziehungen arbeiten? Oder Ihre berufliche Beziehung zu Ihrem Vorgesetzten verbessern? Tragen Sie die nächsten Schritte in die nachfolgende Tabelle ein. Denken Sie dann über eine realistische Frist nach und darüber, welche anderen Personen Sie in Ihren Plan einschließen müssen.

NÄCHSTER SCHRITT	BIS WANN?	WEN EINBEZIEHEN?	WER KANN MIR HELFEN/ MICH COACHEN?

Einheit 4

EINE GROSSARTIGE TEAMKULTUR SCHAFFEN

Man kann jede Teamkultur verbessern. Und wenn eine Kultur immer gesünder wird, spürt man das auf den Gängen, in den Besprechungen, auf dem Parkplatz. Und wenn die Menschen ihre Arbeit lieben, übertreffen sie die durchschnittlichen Arbeitnehmer um ein Vielfaches, weil sie sich mit Leib und Seele der Sache ihrer Organisation verschrieben haben.

Bill Hybels

GRUPPENTREFFEN

ANKOMMEN (15 MINUTEN)

Willkommen bei Einheit 4 von „Führungs-Kraft". Ein ganz wichtiger Punkt beim
Erlernen neuer Fähigkeiten ist der Input von den anderen Mitgliedern der Gruppe.
Tauschen Sie sich über Ihre Erfahrungen mit den praktischen Übungen aus Einheit 3:
„Die 360-Grad-Führung beherrschen" aus, bevor Sie sich die nächste Einheit auf der
DVD anschauen. Orientieren Sie sich beim Gespräch an den folgenden Fragen:

*   Welche praktische Übung haben Sie gemacht?

*   Inwiefern wird sich das Miteinander auf der Arbeit oder im Gemeindedienst
    dadurch verändern?

*   Was ist für Sie der nächste Schritt, um Ihre 360-Grad-Führung weiterzu-
    entwickeln?

DVD: EINE GROSSARTIGE KULTUR SCHAFFEN (25 MINUTEN)
*Schauen Sie sich Einheit 4 der DVD an. Die nachfolgenden Stichpunkte sollen
Ihnen helfen, der DVD zu folgen oder sich Notizen zu machen.*

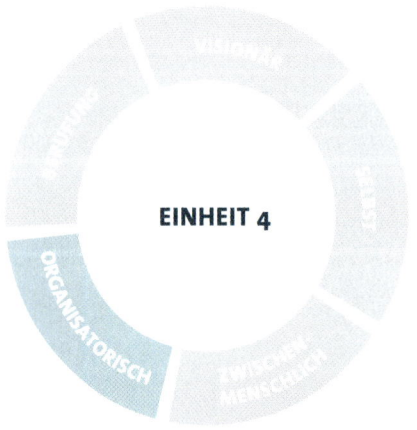

EINHEIT 4

Zeitlicher Rahmen:
90 Minuten

Ankommen:
15 Minuten

DVD-Einheit:
25 Minuten

Gruppengespräch:
40 Minuten

Meine persönliche
Herausforderung:
5 Minuten

Den Sack zubinden:
5 Minuten

Kultur ist die Art und Weise, wie Menschen sich verhalten und miteinander umgehen. Jede Unterhaltung fördert eine Kultur oder zerstört sie.

> *Studien zur Gemeinde- oder Unternehmenskultur, die von externen Firmen durchgeführt werden, sind zwar für große Organisationen extrem hilfreich, aber man kann Kultur und Mitarbeiterengagement in kleinerem Rahmen auch mithilfe von Onlinefragebögen und anderen Hilfsmitteln bewerten („Bewerten Sie Ihre Teamkultur" S. 98).*

Studien zur Unternehmenskultur

Um die interne Kultur zu verbessern, muss man sie messen.

• Die interne Kultur kann nur so gesund sein, wie der oberste Leiter es zulässt.

FAKTEN SCHENKEN UNS DEN MUT, DIE WICHTIGEN GESPRÄCHE ZU FÜHREN.

- „Pass-Probleme"

Für eine gesunde Kultur sorgen

- Fouls pfeifen

- Mitarbeiter dabei erwischen, wenn sie etwas gut machen – und loben.

BELEHRE ... DEN WEISEN, UND ER WIRD DICH LIEBEN ...
UNTERWEISE DEN GERECHTEN, UND ER LERNT NOCH DAZU.

Sprüche 9,8–9 (NL)

Sie können jede Kultur verbessern!

GRUPPENGESPRÄCH (40 MINUTEN)

BEGRIFFE KLÄREN

Für Führungsexperten hängen Unternehmenskultur und Mitarbeiterengagement eng zusammen. Mitarbeiter, die zur Kultur eines Teams passen, sind meistens engagierter. Bei Studien wie der, die Bill Hybels beschreibt, werden meist sowohl das Mitarbeiterengagement als auch die Kultur erfasst.

Teamkultur *meint Charakter und Persönlichkeit Ihres Teams. Sie ist das, was Ihr Team einzigartig macht, und die Summe seiner Werte, Verhaltenswei-sen, Traditionen, Überzeugungen, Umgangsweisen und seiner gemeinsamen Geschichte.*

Engagement *bezeichnet die emotionale Hingabe der Mitarbeiter an das Team und seine Ziele. Wenn Mitarbeiter emotional engagiert sind, dann nehmen sie Anteil an ihrer Organisation und haben ein inneres Verlangen, ihr Team erfolgreich zu sehen.*

1. Der Apostel Paulus beschrieb die Kultur, die er sich in der frühen Gemeinde wünschte, folgendermaßen: „Befreit euch von Bitterkeit und Wut, von Ärger, harten Worten und übler Nachrede sowie jeder Art von Bosheit. Seid stattdessen freundlich und mitfühlend zueinander und vergebt euch gegenseitig, wie auch Gott euch durch Christus vergeben hat." Inwiefern decken sich die Anweisungen des Apostels mit dem, was Bill Hybels in dieser Einheit über Kultur sagt?

2. Bill Hybels sagt: „Die interne Kultur kann nur so gesund sein, wie der oberste Leiter es zulässt." Denken Sie einmal an die verschiedenen Erfahrungen, die Sie im Beruf oder im Gemeindedienst gemacht haben. Wo haben Sie erlebt, dass sich dieses Prinzip bestätigt?

3. Wie würden Sie jemandem, der Ihr Team nicht kennt, Ihre Kultur beschreiben?

4. Bill Hybels sagt, bei Kultur gehe es um Verhaltensweisen. Verhaltensweisen resultieren aus Werten. Nehmen Sie sich ein paar Minuten, um für sich allein anhand der nachfolgenden Skalen die gegenwärtige Kultur in Ihrem Team zu bewerten.

6 ———————— 5 ———————— 4 ———————— 3 ———————— 2 ———————— 1

Unsere kulturellen Werte
sind nicht klar definiert.

Unsere kulturellen Werte
sind klar definiert.

6 ———————— 5 ———————— 4 ———————— 3 ———————— 2 ———————— 1

Soweit ich weiß, wurde
unsere Kultur noch nie bewertet.

Wir bewerten unsere
Kultur regelmäßig.

6 ———————— 5 ———————— 4 ———————— 3 ———————— 2 ———————— 1

Wir ermitteln und ehren
diejenigen, die unsere Kultur
vorleben, nicht regelmäßig.

Wir ermitteln und ehren
diejenigen, die unsere Kultur
vorleben, regelmäßig.

6 ———————— 5 ———————— 4 ———————— 3 ———————— 2 ———————— 1

Wer unsere Kultur verletzt,
wird meist nicht zur
Verantwortung gezogen.

Wir pfeifen ein Foul,
wenn unserer Kultur
verletzt wird.

6 ———————— 5 ———————— 4 ———————— 3 ———————— 2 ———————— 1

Wir haben keine Methode,
um neue Teammitglieder
auszuwählen, die zu unserer
Kultur passen.

Wir haben eine gute
Methode, um Mitarbeiter
zu finden, die unserer
Kultur passen.

Reden Sie nun über Ihre Einschätzungen mit der Gruppe, so offen Sie es sich trauen.

- Wo liegen in kultureller Hinsicht die Stärken Ihrer Organisation?

- Welche Bereiche könnte man noch verbessern?

5. Beschreiben Sie die Eigenschaften eines Teammitglieds, das die kulturellen Werte Ihres Teams verkörpert.

6. Wie geht Ihr Team mit Verhalten um, das die Kultur zerstört? Erzählen Sie der Gruppe von Vorgehensweisen, die sich bewährt haben.

7. Wenn man bei einem Teammitglied immer wieder Fouls pfeifen muss, wird diese Person zu einem „Pass-Problem", um es mit Bill Hybels' Worten zu sagen. „Pass-Probleme" sind die Teammitglieder, die entweder wegen kultureller Unstimmigkeiten oder mangelnden Leistungen nicht ins Team passen. Bill Hybels beschreibt seine Vorgehensweise in solchen Fällen.

- Was halten Sie von dem zeitlichen Rahmen, den er in solchen Fällen steckt?

- Wie geht Ihr Team mit solchen „Pass-Problemen" um?

MEINE PERSÖNLICHE HERAUSFORDERUNG (5 MINUTEN)

Nehmen Sie sich zum Ende Ihres Gruppentreffens wenigstens 5 Minuten Zeit, um darüber nachzudenken, was Sie für sich persönlich mitnehmen. Entscheiden Sie sich für eine praktische Übung, an der Sie nach diesem Treffen arbeiten wollen.

8. Die zwei wichtigsten Erkenntnisse, die ich aus diesem Treffen mitnehme, sind:

1

2

9. Denken Sie darüber nach, wie klar sich Ihr Team im Moment über seine eigene Kultur ist. Welche der folgenden Übungen könnte helfen, die Kultur zu verbessern?

O   Die 5 wichtigsten Werte und Eigenschaften unserer Teamkultur erkennen und definieren. (Praktische Übung: Ermitteln Sie Ihre Teamkultur, S. 94)

O   Einen Plan entwerfen, um die Teamkultur zu messen. (Praktische Übung: Bewerten Sie Ihre Teamkultur, S. 98)

O   Fragen für Vorstellungsgespräche entwerfen, um herauszufinden, ob potenzielle Mitarbeiter zur Teamkultur passen. (Praktische Übung: Einen Leitfaden für Vorstellungsgespräche erstellen, S. 101)

O   Verhalten, das die Kultur fördert bzw. zerstört, gezielt ansprechen. (Praktische Übung: Kultur förderndes oder zerstörendes Verhalten erkennen, S. 102)

O   Die Übereinstimmung zwischen meinen eigenen kulturellen Werten und denen des Teams ermitteln. (Praktische Übung: Finden Sie die Kultur, die am besten zu Ihnen passt, S. 104)

10. Meine praktische Übung ist:

Erzählen Sie der Gruppe, für welche praktische Übung Sie sich entschieden haben.

DEN SACK ZUBINDEN (5 MINUTEN)

Schließen Sie das Treffen mit Gebet ab. Bitten Sie Gott, jedem zu helfen, sich im Laufe des nächsten Monats an die schwere Aufgabe zu machen, die Teamkultur zu verbessern.

> *Nachdem Sie die Übung zur Förderung der Teamkultur ermittelt haben, die sich am positivsten auf Ihre Leitung auswirken wird, finden Sie auf den nächsten Seiten Hilfen zur Umsetzung. Lesen Sie sich die fünf praktischen Übungen zum Aufbau der Teamkultur auf den nächsten Seiten durch und machen Sie wenigstens eine davon im Laufe des nächsten Monats.*

Einheit 4: Eine großartige Teamkultur schaffen

Teamkultur bezeichnet die Art und Weise, wie die Mitglieder eines Teams sich bei der Umsetzung ihrer Mission verhalten und wie sie miteinander umgehen. Wenn die Teamleiter nicht darauf achten, die gewünschte Teamkultur aufrechtzuerhalten, kann ein Team zwar die Umsetzung seiner Vision „vom Hier zum Dort" erreichen, aber es werden dabei wahrscheinlich Menschen verletzt.

Als Leiter darf man nicht davon ausgehen, dass sich die Teamkultur von selbst erhält. Damit die Kultur sich positiv entwickelt, muss der Leiter gezielt eingreifen. In seinem Brief an die Gemeinde in Ephesus schreibt der Apostel Paulus über die entscheidenden Werte und Verhaltensweisen, um in der frühen Kirche eine Kultur der Gnade und Freundlichkeit zu prägen: „Befreit euch von Bitterkeit und Wut, von Ärger, harten Worten und übler Nachrede sowie jeder Art von Bosheit. Seid stattdessen freundlich und mitfühlend zueinander und vergebt euch gegenseitig, wie auch Gott euch durch Christus vergeben hat" (Epheser 4,31–32; NL).

Wenn Sie an Ihrer Teamkultur arbeiten wollen, müssen Sie sie in einem ständigen Prozess immer neu verstehen, bewerten und bestärken. Als Erstes müssen Sie sich gemeinsame Werte und Verhaltensweisen erarbeiten. Sich gemeinsam an diese Aufgabe zu machen kann für ein Team ein klärender und beflügelnder Prozess sein.

Wenn ein Team sich einmal über seine gemeinsamen Werte im Klaren ist, wird es Zeit zu ermitteln, inwieweit sich diese Werte im Verhalten widerspiegeln. Die Datenerhebung kann durch ein externes Unternehmen geschehen oder in kleinerem Umfang auch durch interne Umfragen.

Sind die Werte ermittelt, können die Leiter die Teamkultur fördern, indem sie jede Möglichkeit nutzen, darüber zu sprechen, die Ergebnisse der Umfragen zur Kultur weiter kommunizieren, Menschen bestärken, die die Kultur fördern und die korrigieren, die die Kultur zerstören. Die Teamkultur blüht auf, wenn alle Teammitglieder daran arbeiten, sie umzusetzen und die Werte auszuleben.

Denken Sie über die jetzige Kultur Ihres Teams oder Ihrer Organisation nach und darüber, wie Sie sie verbessern könnten. Wählen Sie eine praktische Übung aus und arbeiten Sie an einer gesunden Teamkultur.

PRAKTISCHE ÜBUNGEN

Eine großartige Teamkultur schaffen

Wenn Sie gerade erst anfangen, die Kultur Ihres Teams zu verstehen, dann versuchen Sie die Übungen doch einmal in dieser Reihenfolge:

1. *Ermitteln Sie Ihre Teamkultur (mit den Werte-Karten).*

2. *Bewerten Sie Ihre Teamkultur.*

Die übrigen Übungen beziehen sich auf diese beiden Punkte bzw. ergeben sich daraus, je nach den Bedürfnissen Ihres Teams.

ERMITTELN SIE IHRE TEAMKULTUR (MIT DEN WERTE-KARTEN) | S. 94
Wenn Ihr Team noch keine klar definierten kulturellen Werte hat, können Sie mit dieser Übung die fünf wichtigsten gemeinsamen Werte ermitteln.

BEWERTEN SIE IHRE TEAMKULTUR | S. 98
Wenn Sie klar definierte Werte haben, können Sie mit dieser Übung das Engagement und die Kultur im Team bewerten.

ERSTELLEN SIE EINEN LEITFADEN FÜR VORSTELLUNGSGESPRÄCHE | S. 101
Mit dieser Übung können Sie gemeinsam mit dem Team einen Leitfaden für Vorstellungsgespräche entwickeln, um festzustellen, ob Bewerber zu Ihrer Kultur passen.

WER IN IHREM TEAM FÖRDERT UND WER BEEINTRÄCHTIGT DIE TEAMKULTUR? | S. 102

Stärken Sie Ihre kulturellen Werte mit dieser Übung. Hier bestärken Sie diejenigen, die die Kultur fördern, und korrigieren diejenigen, die der Kultur schaden.

FINDEN SIE DIE KULTUR, DIE AM BESTEN ZU IHNEN PASST | S. 104

Diese Übung zur Selbsteinschätzung soll Ihnen helfen herauszufinden, in welcher Kultur Ihre Art zu Führen am erfolgreichsten ist.

PRAKTISCHE ÜBUNG

Ermitteln Sie Ihre Teamkultur (mit den Werte-Karten)

Wenn Ihr Team seine gemeinsamen zentralen Werte noch nicht erarbeitet hat, können Sie mit dieser Übung Werte erarbeiten, die die Grundlage für Ihre Teamkultur bilden könnten. Treffen Sie sich mit Ihrem Team, um über diese Werte zu sprechen.

Bereiten Sie für jedes Teammitglied einen kompletten Satz der nachfolgenden Werte-Karten vor. In der Liste finden Sie allgemein formulierte Werte, die ein Team haben könnte. Sie können auf den leeren Karten weitere Werte hinzufügen, die Ihnen für Ihr Team wichtig erscheinen.

- Geben Sie jedem Teammitglied einen Satz Karten. Bitten Sie alle, ihre fünf wichtigsten Werte auf ein Flipchart oder Ähnliches zu schreiben und den anderen zu erzählen, warum sie sich gerade für diese Werte entschieden haben. Für diese Übung ist es wichtig, den Teammitgliedern Zeit zu geben, über das zu reden, was ihnen am wichtigsten ist. Tauschen Sie sich dann im Team darüber aus, wie man diese Auswahl einschränken kann.

- Bitten Sie die Teammitglieder nach dem Gespräch über die Werte des Teams, die wichtigsten fünf Werte herauszuarbeiten.

- Auf der Liste darf auch ein angestrebter Wert stehen, der zurzeit noch nicht Teil Ihrer Teamkultur ist, in dessen Richtung sich das Team aber entwickeln will.

- Schließen Sie das Treffen mit einem Gespräch darüber, wie das Team diese Werte im Alltag praktisch umsetzen kann.

Diese Übung kann ein bis zwei Stunden dauern, je nachdem, wie groß Ihr Team und wie intensiv die Diskussion ist.

STOPP:

Gehen Sie zu „Und jetzt?" auf Seite 107, wenn Sie mit dieser Übung fertig sind. Dort finden Sie weitere Anregungen, Schritte und Hilfsmittel.

ÄSTHETIK	**AUTORITÄT**	**BEVOLLMÄCHTIGUNG**
der gemeinsame Wunsch nach Schönheit; Wertschätzung von musikalischen und künstlerischen Ausdrucksformen	die Vollmacht haben, Ereignisse zu steuern und Ziele umzusetzen	Teammitglieder freisetzen und ihnen Verantwortung, Autorität und Ressourcen übertragen, um Entscheidungen zu treffen und in ihrem Bereich initiativ zu agieren
DIPLOMATIE	**DURCHHALTEVERMÖGEN**	**EINHEIT**
eine gemeinsame Basis finden mit schwierigen Menschen oder in schwierigen Situationen; Konflikte bewältigen; taktvoll kommunizieren	bis zum Ende durchhalten; Aufgaben zu Ende führen	Entscheidungen treffen, mit denen alle leben können
ERFOLG	**GEMEINSCHAFT**	**HELFEN**
konkrete Aufgaben oder Projekte erfolgreich vollenden	sowohl bei der Arbeit als auch privat mit anderen Gemeinschaft pflegen	sich um andere kümmern; tun, was Teammitgliedern hilft
INNOVATION	**INTEGRITÄT**	**KOMPETENZ**
neue Technologien in neue Produkte umwandeln; Kreativität schätzen und belohnen	Ehrlichkeit, Offenheit, Fairness und hohe Professionalität leben; Versprechen halten; ethische und rechtliche Vorgaben einhalten	gut sein bei dem, was man tut; Fähigkeiten besitzen, die man braucht, um Ziele zu erreichen

MUT für Überzeugungen einstehen; Ängste überwinden; herkömmliche Überzeugungen infrage stellen	**PERSÖNLICHES WACHSTUM** beständiges Lernen; neue Fähigkeiten entwickeln und stärkere Selbsterkenntnis	**QUALITÄT** die Anforderungen der Kunden verstehen und übertreffen
RESPEKT anderen mit Würde und Respekt begegnen; Informationen austauschen und gut zuhören; die einzigartigen Beiträge der Einzelnen schätzen	**SPASS** offen sein für Spiel, Fröhlichkeit und Spontaneität	**STABILITÄT** Sicherheit und Vorhersehbarkeit
TEAMWORK offen und unterstützend mit anderen auf ein gemeinsames Ziel hinarbeiten; sich über gemeinsame Erfolge freuen	**VERGEBUNG** anderen bewusst vergeben und nicht an Verletzungen festhalten	**VERNUNFT** beständige, klare, logische Denkweise; Emotionen im Griff haben
VERTRAUTHEIT eine tiefe emotionale und geistliche Verbundenheit	**WISSEN** intellektuelle Anregungen, neue Ideen, Wahrheiten und Verständnis suchen	

PRAKTISCHE ÜBUNG

Bewerten Sie Ihre Teamkultur

Bewerten Sie das Engagement und die Kultur Ihres Teams, indem Sie eine Umfrage erstellen und durchführen. Sie können dazu die Musterfragen und die Bewertungsskala auf den folgenden Seiten verwenden. Erklären Sie Ihrem Team vorher den Zweck der Umfrage. Wenn Ihr Team klar definierte kulturelle Werte hat, sollten Sie bei den Fragen 9–13 gezielte Fragen dazu einbauen, um diese zu bewerten. Hat Ihr Team noch keine Werte benannt, können Sie diese Fragen überspringen. (Wenn Ihr Team seine Werte noch nicht erarbeitet hat, sollten Sie entweder die Fragen 9–13 auslassen oder die Übung „Ermitteln Sie Ihre Teamkultur [mit den Werte-Karten]" machen.)

Sie können Ihre Umfrage auf einem Blatt Papier austeilen und von Hand auswerten. Aber kostenlose Angebote im Internet, wie z. B. surveymonkey.de, umfrageonline. de oder andere, erleichtern Ihnen das Austeilen, Auswerten und Analysieren, und Sie können das Ergebnis professioneller vortragen.

Teilen Sie die Umfrage aus. Sagen Sie Ihrem Team, dass die Umfrage streng vertraulich behandelt wird, um sie zu ermutigen, ganz ehrlich zu antworten. Um den vertraulichen Umgang mit den Daten zu gewährleisten, sollte eine neutrale Person, die nicht Teil Ihres Teams ist, die Daten sammeln und auswerten oder online den Bericht erstellen, sobald die Daten eingegangen sind. Setzen Sie den Teilnehmern an der Umfrage eine Frist, innerhalb der sie die Fragen in Ruhe beantworten können. Das können einige Tage oder bis zu zwei Wochen sein. Erinnern Sie die Teilnehmer einen Tag vor der Abgabefrist noch einmal daran, damit auch wirklich alle daran teilnehmen.

Nachdem alle die Umfrage ausgefüllt haben und die neutrale Person die Ergebnisse zusammengetragen hat, sollten Sie mit Ihrem Team folgende Fragen besprechen:

- Welche Trends und Gemeinsamkeiten lassen sich erkennen?

- Was stellen Sie bei den Dingen fest, die Ihr Team gut kann?

- Was stellen Sie bei den Dingen fest, an denen Ihr Team noch arbeiten muss? (Nennen Sie konkrete Beispiele, was verbessert werden kann.)

- Wie können wir unsere Teamkultur ganz praktisch verbessern? Was sollten wir nicht mehr tun? Was sollten wir ab jetzt tun? Was sollten wir weiterhin tun?

- Wer ist dafür verantwortlich, dass wir diese Schritte umsetzen? Bis wann?

UMFRAGE ZUM MITARBEITERENGAGEMENT

	TRIFFT GAR NICHT ZU	TRIFFT EHER NICHT ZU	WEISS NICHT	TRIFFT MEISTENS ZU	TRIFFT IMMER ZU
1 Ich bin völlig begeistert von der Mission/dem Auftrag unseres Unternehmens/ Teams/ Gemeinde.					
2 Ich weiß genau, was bei der Arbeit von mir erwartet wird.					
3 Die anderen Mitglieder des Teams haben die gleichen Werte wie ich.					
4 Ich kann auf der Arbeit jeden Tag meine Stärken einsetzen.					

5	Ich gebe meinen Teamkollegen Rückendeckung.					
6	Wenn ich gute Arbeit mache, wird das anerkannt.					
7	Ich habe großes Vertrauen in die Zukunft meiner Organisation/ meines Teams.					
8	Ich werde auf der Arbeit immer herausgefordert, mich weiterzu-entwickeln.					
9	In unserem Team leben wir _____ .					
10	In unserem Team leben wir _____ .					
11	In unserem Team leben wir _____ .					
12	In unserem Team leben wir _____ .					
13	In unserem Team leben wir _____ .					

Fragen 1–8 dieser Umfrage wurden von der „Marcus Buckingham Company" in Verbindung mit „surveymonkey" entwickelt. Das Komplettpaket finden Sie auf www. surveymonkey.com/mp/team-standout-engagement-pulse-survey/.

> *Diese einfache Umfrage funktioniert bei kleinen Organisationen oder Teams. Wenn Sie die Kultur in einer größeren Organisation bewerten möchten, sollten Sie darüber nachdenken, ein externes Unternehmen damit zu beauftragen.*

Diese Übung kann eine bis zwei Stunden in Anspruch nehmen, je nachdem, wie groß Ihr Team und wie intensiv die Diskussion ist.

STOPP:

Gehen Sie zu „Und jetzt?" auf Seite 107, wenn Sie mit dieser Übung fertig sind. Dort finden Sie weitere Anregungen, Schritte und Hilfsmittel.

PRAKTISCHE ÜBUNG

*Erstellen Sie einen Leitfaden
für Vorstellungsgespräche*

Diese Übung gibt Ihrem Team die Gelegenheit, Fragen für Vorstellungsgespräche zu entwerfen – also eine Art Leitfaden für den Einstellungsprozess zukünftiger Teammitglieder. Wenn Sie Ihr Team in die Gestaltung der Fragen einbeziehen, hilft Ihnen das, Bewerber herauszufiltern, die in die Teamkultur passen, und deren Fähigkeiten und Werte effektiver zu ermitteln.

Bitten Sie die Mitglieder Ihres Teams, einzeln oder paarweise sechs bis acht Fragen für ein Vorstellungsgespräch zu konzipieren, die auf den Kern der Werte abzielen, die Sie herausgearbeitet haben („Ermitteln Sie Ihre Teamkultur [mit den Werte-Karten]", S. 94). Treffen Sie sich mit dem Team, um sich über die Vorschläge auszutauschen und die besten Fragen als Leitfaden für Vorstellungsgespräche auszuwählen.

Überlegen Sie anschließend gemeinsam, wie Sie den Leitfaden als Team anwenden wollen. Sie könnten die Fragen aneinander ausprobieren, um zu sehen, wie sie im Gespräch funktionieren. Nehmen Sie, wo nötig, Änderungen vor, und verpflichten Sie sich dann, den neuen Leitfaden einzusetzen. Ein Teammitglied sollte die Fragen aufschreiben und an alle anderen verteilen.

Diese Übung kann eine halbe bis eine Stunde dauern, je nachdem, wie groß Ihr Team und wie intensiv die Diskussion ist.

STOPP:

Gehen Sie zu „Und jetzt?" auf Seite 107, wenn Sie mit dieser Übung fertig sind. Dort finden Sie weitere Anregungen, Schritte und Hilfsmittel.

PRAKTISCHE ÜBUNG

Wer in Ihrem Team fördert und wer beeinträchtigt die Teamkultur?

Alles, was Sie im Team tun, fördert oder beeinträchtigt die Teamkultur. Wenn Sie diejenigen loben, die mit ihrem Verhalten die Kultur fördern, und diejenigen korrigieren, die nicht nach den gemeinsamen Werten leben, stärken Sie die kulturellen Werte des Teams. Und Sie schützen die Kultur, die Sie fördern möchten.

Planen Sie beim nächsten Teamtreffen Zeit ein, um über Verhalten zu reden, das die Kultur fördert, und Verhalten, das die Kultur beeinträchtigt.

Bereiten Sie sich auf das Treffen vor, indem Sie sich selbst kritisch unter die Lupe nehmen.

- Überdenken Sie Ihre kulturellen Werte („Ermitteln Sie Ihre Teamkultur [mit den Werte-Karten]", S. 94). Gibt es zwei oder drei Personen, die diese Werte wirklich verkörpern? Nennen Sie konkrete Beispiele. Überlegen Sie sich, wie Sie diese Personen ganz praktisch in Gegenwart der anderen loben könnten.

- Stellen Sie ehrlich fest, ob es Verhalten gibt, das die Kultur schädigt. Gibt es Bereiche, in denen Sie vielleicht selbst versagt haben? Nennen Sie schädliches Verhalten, das sich eingeschlichen hat, beim Namen. Überlegen Sie sich, wie Sie dieses Verhalten beim Teamtreffen auf angemessene Weise ansprechen können, ohne jemanden bloßzustellen, und ermutigen Sie das Team, es in Zukunft besser zu machen.

Während des Treffens:

- Beschriften Sie zwei Flipcharts: *Was die Kultur fördert* und *Was der Kultur schadet*.

- Teilen Sie Zettel mit den vereinbarten Werten des Teams aus, und sprechen Sie darüber, wie Kultur aus Werten und Verhalten entsteht.

- Ein Mitglied des Teams soll mitschreiben und die Verhaltensweisen, die die Kultur fördern, und solche, die die Kultur schädigen, auf dem jeweiligen Flipchart notieren.

- Da es manchmal schwierig ist, über kulturschädigendes Verhalten zu sprechen, können Sie das Team in Gruppen von jeweils zwei oder drei Personen aufteilen, um Offenheit zu fördern. Seien Sie bereit, das Eis zu brechen und den ersten Schritt zu machen. Erzählen Sie von einer Gelegenheit, bei der Sie sich vielleicht selbst falsch verhalten haben oder wo Sie so ein Verhalten beobachtet haben.

- Ermitteln Sie, wenn möglich, einige Personen, die die Teamkultur immer wieder fördern, und sprechen Sie ihnen ganz praktisch, vor ihren Teamkollegen, Ihre Anerkennung dafür aus.

- Laden Sie die Teammitglieder zum Schluss ein, darüber zu sprechen, wie sie sich mit diesem Thema immer wieder auseinandersetzen können.

Wenn es jemanden gibt, den Sie zurechtweisen müssen, weil diese Person die Teamkultur schädigt, tun Sie es nicht vor dem gesamten Team. Verabreden Sie sich mit dieser Person und besprechen Sie unter vier Augen, wie das Verhalten dieses Teammitglieds die Teamkultur beeinflusst.

Diese Übung kann eine bis eineinhalb Stunden in Anspruch nehmen, je nachdem, wie groß Ihr Team und wie intensiv die Diskussion ist.

STOPP:

Gehen Sie zu „Und jetzt?" auf Seite 107, wenn Sie mit dieser Übung fertig sind. Dort finden Sie weitere Anregungen, Schritte und Hilfsmittel.

PRAKTISCHE ÜBUNG

Finden Sie die Kultur, die am besten zu Ihnen passt

Manchmal werden Sie feststellen, dass Sie in einem Umfeld arbeiten, das einfach nicht zu Ihren Werten und Ihrem Arbeitsstil passt. Vielleicht sind Geschwindigkeit und schnelle Entscheidungen die Werte Ihres Teams, aber Sie sind jemand, der eher abwägt; Sie lassen sich lieber mehr Zeit, um eine gute Entscheidung zu treffen. Oder vielleicht zieht Ihr Team gern Dinge bis zum Ende durch und arbeitet lieber mit altbewährten Methoden, aber Ihnen ist Veränderung wichtig, und es spornt Sie an, neue Dinge zu probieren und bessere Lösungen zu finden.

Überlegen Sie, welche Eigenschaften eine Kultur haben müsste, in der Sie aufblühen würden. Wenn Sie klar erkennen, was Ihnen besonders wichtig ist, hilft Ihnen das, die richtige Kultur für sich zu finden. Auf diese Weise werden Sie auch erkennen, ob Sie einfach nicht in die Kultur Ihres derzeitigen Teams passen, ob es möglich ist, die Teamkultur so zu beeinflussen, dass Sie besser hineinpassen, oder ob die Abweichungen einfach zu groß sind, um eine Übereinstimmung zu finden.

Treffen Sie sich mit einem Kollegen, einem Mentor oder einem Vorgesetzten, um über Ihre Vorstellungen von der idealen Teamkultur für Sie zu sprechen. Bereiten Sie sich auf das Treffen vor, indem Sie über die folgenden Fragen nachdenken und Ihre Antworten notieren. Erstellen Sie eine Liste der Eigenschaften Ihrer idealen Arbeitskultur. Fragen Sie Ihren Freund/Mentor/Vorgesetzten um Rat, was die nächsten Schritte für Sie sein könnten.

- Welche Eigenschaften sind Ihnen an einem Vorgesetzen wichtig und warum?

- Wie wichtig sind Ihnen Strukturen? Dazu gehören Aspekte wie eine klare Hierarchie, Prozesse und Abläufe, Rollenverständnis oder Vorgehensweisen.

- Legen Sie mithilfe der Karten aus der Übung „Ermitteln Sie Ihre Teamkultur" Ihre eigenen fünf wichtigsten Werte einer Teamkultur fest.

SIE	IHR TEAM
1.	1.
2.	2.
3.	3.
4.	4.
5.	5.

- Wenn Sie sich Ihre Antworten auf die vorherigen Fragen anschauen: Wie sehr sind Ihre persönlichen Werte mit der Kultur in Einklang, in der Sie momentan arbeiten?

- Wo müssen Sie sich vielleicht an die Kultur Ihres Teams anpassen? Können Sie sich auf Gemeinsamkeiten stützen und trotzdem aufblühen?

- Wie können Sie die Kultur Ihres Teams positiv beeinflussen?

- Wenn Sie die Kultur nicht beeinflussen und sich auch nicht anpassen können: Was könnte dann Ihr nächster Schritt sein?

Diese Übung kann ein bis zwei Stunden dauern, je nachdem, wie gründlich Sie reflektieren und wie lange das Treffen dauert.

STOPP:

Gehen Sie zu „Und jetzt?" auf Seite 107, wenn Sie mit dieser Übung fertig sind. Dort finden Sie weitere Anregungen, Schritte und Hilfsmittel.

Am Anfang seines Dienstes war Bill Hybels so naiv zu glauben, dass sich die Kultur einer Organisation von selbst entwickelt. Aber er lernte, dass man gezielt eingreifen muss, um eine blühende Kultur zu schaffen oder zu erhalten. Auch wenn Sie Ihre Kultur schon ermittelt und bewertet haben, müssen Sie diese Kultur beständig umsetzen. Fakten geben uns den Mut, die Gespräche zu führen, die wir schon längst hätten führen sollen. Wenn alle im Team die Kultur verstehen und daran arbeiten, wird sie besser werden!

> **FAKTEN GEBEN UNS DEN MUT, DIE GESPRÄCHE ZU FÜHREN, DIE WIR SCHON LÄNGST HÄTTEN FÜHREN SOLLEN.**

Neben der zwischenmenschlichen Seite der Kultur gibt es auch noch weniger offensichtliche Aspekte. Prozesse, Abläufe, Verfahrensweisen, wie man Sitzungen leitet und die Kommunikationspraktiken – all das spiegelt ebenfalls die Kultur wider. Diese Dinge vermitteln anderen, was Ihrem Team wichtig ist. Wenn Sie zum Beispiel „Innovation" als Wert angegeben haben, die Leitung aber ständig diejenigen belohnt, die auf Nummer sicher gehen, könnten die Teamkollegen der Führung die gelbe Karte zeigen. Teammitglieder erkennen schnell, wenn die auf dem Papier stehenden Werte und das tatsächliche Verhalten nicht übereinstimmen.

Nachdem Sie ermittelt haben, welche Mitarbeiter die Teamkultur fördern und welche ihr schaden, sollten Sie sich die Zeit nehmen, um diese weniger offensichtlichen Aspekte Ihrer Teamkultur zu beurteilen. Sie könnten auch jemanden aus dem Team damit beauftragen zu prüfen, ob die Arbeitsabläufe mit den genannten Werten übereinstimmen. Unterstützen die Abläufe die gewünschte Teamkultur oder sind sie eher hinderlich? Wenn Sie die Teammitglieder in die Bewertung der Arbeitsabläufe mit hineinnehmen, werden sie sich die Teamkultur stärker zu eigen machen. Und wenn sie sich jeder zu eigen gemacht hat, sind Sie schon ein gutes Stück weiter auf dem Weg, eine blühende Teamkultur zu schaffen.

MEIN HANDLUNGSPLAN – EINE GROSSARTIGE TEAMKULTUR SCHAFFEN

Planen Sie mithilfe der nachfolgenden Tabelle Ihre nächsten Schritte in Sachen Teamkultur. Müssen Sie Ihre Werte erarbeiten oder das Engagement des Teams ermitteln? Müssen Sie mit einem Teammitglied ein unangenehmes Gespräch führen und ihm die Gelbe Karte zeigen? Oder vielleicht haben Sie Prozesse und Arbeitsabläufe entdeckt, die der Kultur, die Sie aufbauen möchten, im Weg stehen. Tragen Sie Ihre nächsten Schritte in die Tabelle ein, überlegen Sie sich eine realistische Deadline und wen Sie noch in Ihren Plan einbeziehen sollten.

NÄCHSTER SCHRITT	BIS WANN?	WEN EINBEZIEHEN?	WER KANN MIR HELFEN/ MICH COACHEN?

Einheit 5

FOLGEN SIE IHRER PERSÖNLICHEN BERUFUNG

Die meisten gehen Visionen aus dem Weg, die beängstigend sind, oder verfolgen sie nicht weit genug, weil sie sich unzulänglich fühlen. Wir müssen das überwinden. Leiter müssen Gottes Visionen leben und sich der Angst stellen. Dann wird die Welt besser!

Bill Hybels

GRUPPENTREFFEN

ANKOMMEN (15 MINUTEN)

Willkommen bei Einheit 5 von „Führungs-Kraft". Ein ganz wichtiger Punkt beim Erlernen neuer Fähigkeiten ist der Input von den anderen Mitgliedern der Gruppe. Tauschen Sie sich über Ihre Erfahrungen mit den praktischen Übungen aus Einheit 4: „Eine großartige Teamkultur schaffen" aus, bevor Sie sich die nächste Einheit auf der DVD anschauen. Orientieren Sie sich beim Gespräch an den folgenden Fragen:

- Welche praktische Übung haben Sie gemacht?
- Was haben Sie über die Kultur Ihres Teams gelernt?
- Falls Sie eine Übung mit Ihrem Team gemacht haben: Wie hat das Team reagiert?
- Was sind die nächsten Schritte für Sie als Team, um eine großartige Teamkultur zu schaffen?

DVD: FINDEN UND LEBEN SIE IHRE PERSÖNLICHE BERUFUNG (20 MINUTEN)
Schauen Sie sich Einheit 5 der DVD an. Die nachfolgenden Stichpunkte sollen Ihnen helfen, der DVD zu folgen oder sich Notizen zu machen.

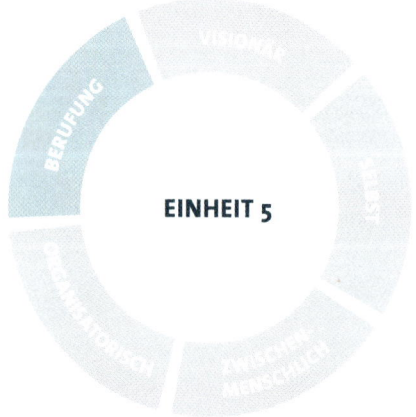

EINHEIT 5

Zeitlicher Rahmen:
90 Minuten

Ankommen:
15 Minuten

DVD-Einheit:
20 Minuten

Gruppengespräch:
40 Minuten

Meine persönliche
Herausforderung:
5 Minuten

Den Sack zubinden:
5 Minuten

> ... MIT EINEM HEILIGEN RUF HAT ER UNS GERUFEN, NICHT AUFGRUND UNSERER WERKE, SONDERN
> ... AUS GNADE, DIE UNS SCHON VOR EWIGEN ZEITEN IN CHRISTUS JESUS GESCHENKT WURDE.
>
> 1. TIMOTHEUS 1,9 (EÜ)

„Berufung" ist das Herz von Führung.

Gott hat Ihnen Fähigkeiten/Talente, Geistesgaben und Leidenschaft/Passion gegeben.

„Oberste Schublade" und „Das brennende Warum im Herzen".

Die eigene Berufung entfaltet sich mit der Zeit, durch Versuch und Irrtum

Oft lehnen wir unsere Berufung ab, weil wir Angst haben.

Arbeitsstelle und Leidenschaft/Passion in Einklang bringen: Die Gehalt vs. Passion-Gleichung

Manchmal wird die Berufung durch eine positive Vision am Leben gehalten.

Manchmal entspringt eine Berufung auch negativer Energie.

DENN WIR SIND GOTTES SCHÖPFUNG. ER HAT UNS IN CHRISTUS JESUS NEU GESCHAFFEN, DAMIT WIR ZU GUTEN TATEN FÄHIG SIND, WIE ER ES FÜR UNSER LEBEN SCHON IMMER VORGESEHEN HAT.

EPHESER 2,10 (NL)

Führung entscheidet.

GRUPPENGESPRÄCH (40 MINUTEN)

1. In Epheser 2,10 heißt es: „Denn wir sind Gottes Schöpfung. Er hat uns in Christus Jesus neu geschaffen, damit wir zu guten Taten fähig sind, wie er es für unser Leben schon immer vorgesehen hat." Erzählen Sie mit diesem Vers im Hinterkopf, was Sie von Bill Hybels' Gedanken zum Thema „Führung" halten.

2. Glauben Sie, dass Gott für jeden Menschen eine ganz bestimmte Berufung hat? Warum bzw. warum nicht?

3. Haben Sie eine Ahnung, was Ihre Berufung sein könnte? Wenn ja: Wie leben Sie diese Berufung dann aus?

4. Bill Hybels hat gesagt, dass man seine Berufung mit der Zeit findet, indem man Verschiedenes ausprobiert. Und wir sollten immer bereit sein, uns von Gott führen zu lassen. Wie geht es Ihnen bei dem Gedanken, dass sich Ihre Berufung mit der Zeit verändern könnte? Wie können Sie dafür sorgen, dass Sie immer bereit bleiben, sich von Gott führen zu lassen?

5. Bill Hybels sagt, Gott hat jedem von uns Fähigkeiten, (geistliche) Gaben und Leidenschaften/Passionen gegeben. Sie könnten Ihre Leidenschaft/Passion zum Beispiel dadurch erkennen, indem Sie besonders auf Themen achten, die Ihnen am Herzen liegen. Unsere Leidenschaft hängt oft mit bestimmten gesellschaftlichen Themen oder Menschengruppen zusammen. Markieren Sie in den nachfolgenden Listen zwei oder drei Punkte, die Ihre Aufmerksamkeit am meisten erregen.

Menschengruppen:

Missbrauchsopfer	entlassene Sträflinge	Waisen/ Pflegekinder	Mittelstufen-Schüler
Künstler	Väter/Männer	Eltern von Teens	Oberstufen-Schüler
Geschäftsleiter	Obdachlose	Arme	Studenten
Kinder	Krankenhauspatienten	Häftlinge	Sonderschulkinder
Behinderte	Ausländer	Flüchtlinge	Teenie-Mütter
Geschiedene	Einwanderer	Prostituierte	Sterbende
Menschen mit einer anderen sexuellen Orientierung	frischgebackene Eltern	Kriegsopfer/Opfer von Gewalttaten	alte Menschen
psychisch Kranke	Krabbel-/Kindergartenkinder	Mütter/Frauen	Eltern erwachsener Kinder
Generation Y	Grundschulkinder	jung Verheiratete	nicht Muttersprachler
Alleinerziehende	Arbeitslose	Sonstige	

Gesellschaftliche Themen:

Abtreibung	Evangelisation	Arbeitsplatzbeschaffung	Politik
Sucht	Familie	Gerechtigkeit	Armut
AIDS	Spielsucht	Analphabetismus	Rassismus
Mobbing	Gesundheitsfürsorge	Einsamkeit	Technik
Kinderpflege	Trauer / Verlust	Ehe / Scheidung	Selbstmord
Gemeindegründung	Gleichbehandlung der Geschlechter	psychische Erkrankungen	geistliche Orientierungslosigkeit
Depression	Menschenhandel	Ernährung	Terror
wirtschaftliche Unabhängigkeit	Hunger	Umwelt	Gewalt / Banden
Bildung	Zuwanderung	Adoption	Krieg
Einkommensunterschiede	Sonstige		

Wie könnten Sie Ihre Fähigkeiten und (geistlichen) Gaben in diesen Bereichen einbringen? Schreiben Sie Ihre Gedanken auf und tauschen Sie sich anschließend in Ihrer Arbeitsgruppe aus.

6. Manchmal bekommen wir eine Ahnung davon, was unsere Berufung sein könnte, weil Gott uns eine positive Vision schenkt. Manchmal spüren wir unsere Berufung am deutlichsten, wenn wir über etwas frustriert sind (eine „heilige Unzufriedenheit" verspüren), das einfach nicht sein darf. Nehmen Sie sich etwas Zeit, um die beiden nachfolgenden Spalten auszufüllen. Tauschen Sie sich dann in der Gruppe darüber aus.

HIER HABE ICH MICH DURCH EINE POSITIVE VISION INSPIRIERT GEFÜHLT	HIER WAR ICH IN EINER SITUATION, DIE MICH „INNERLICH ZERRISSEN" HAT

7. Denken Sie einmal an Ihre gegenwärtige Leitungsaufgabe – beruflich oder ehrenamtlich – und die Übereinstimmung mit Ihrer Berufung. Welche Aussage trifft am ehesten zu? Wenn Sie möchten, können Sie der Gruppe Einblick in Ihre Antwort geben.

O Meine Leitungsaufgabe stimmt mit meiner Berufung überein.

O Meine Leitungsaufgabe deckt sich fast mit meiner Berufung, aber ich muss ein paar Dinge ändern, um beides stärker in Einklang zu bringen.

O Ich habe das Gefühl, dass ich meine jetzige Aufgabe aufgeben sollte, um meiner Berufung nachzugehen.

O   Ich bin mir noch nicht sicher, was meine Berufung ist, aber ich bin in der Richtung unterwegs, in die Gott mich führt, und vertraue darauf, dass er es mir zeigen wird.

O   Sonstige _____

8.   Manchmal lassen wir uns durch Ängste davon abhalten, unserer Berufung nachzugehen. Nachfolgend einige weitverbreitete Ängste, die ein Hindernis sein können.

- Sicherheitsbedürfnis
- Fähigkeiten/Selbstvertrauen
- Bestätigung/Annahme

Sprechen Sie in der Gruppe darüber. Welche dieser Ängste hält Sie davon ab, Ihrer Berufung wirklich nachzugehen?

Was könnte Ihnen helfen, diese Angst zu überwinden?

MEINE PERSÖNLICHE HERAUSFORDERUNG (5 MINUTEN)

Nehmen Sie sich zum Ende Ihres Gruppentreffens wenigstens 5 Minuten Zeit, um darüber nachzudenken, was Sie für sich persönlich mitnehmen. Entscheiden Sie sich für eine praktische Übung, an der Sie nach diesem Treffen arbeiten wollen.

9. Die zwei wichtigsten Dinge, die ich mitnehme sind:

> 1.
>
> 2.

10. Welcher der folgenden Bereiche wäre am hilfreichsten, wenn Sie sich im nächsten Monat weiterentwickeln und Ihrer Berufung näherkommen wollen? Was Sie hier ankreuzen, wird Ihnen helfen, die praktische Übung auszuwählen, die am besten zu Ihrer Situation passt.

O   Ich muss mich selbst und meine Berufung klarer erkennen. (Praktische Übung: Die eigene Berufung erkennen, S. 120)

O   Ich ahne, was meine Berufung ist, aber ich muss sie noch weiter erproben, um zu sehen, ob sich die Richtung bestätigt. (Praktische Übung: Die eigene Berufung erkunden, S. 123)

O   Ich muss beurteilen, wie sehr meine gegenwärtige Aufgabenstellung in Beruf/Ehrenamt mit meiner Berufung übereinstimmt. (Praktische Übung: Die Übereinstimmung mit der Berufung prüfen, S. 125)

O   Ich muss herausfinden, welche Ängste mich davon abhalten, meine Berufung zu leben, und wie ich sie überwinden kann. (Praktische Übung: Ängste erkennen und überwinden, S. 127)

11. Meine praktische Übung ist:

Erzählen Sie der Gruppe, für welche Übung Sie sich entschieden haben.

12. Vereinbaren Sie mit der Gruppe am Ende des Monats einen Termin, um eine
     Stunde lang gemeinsam Ihre Fortschritte zu feiern. Dabei können Sie sich auch
     über die Übungen aus dieser Einheit austauschen.

DEN SACK ZUBINDEN (5 MINUTEN)

Schließen Sie das Treffen mit einem Gebet ab. Danken Sie Gott dafür, wie er Ihre
Gruppe durch diese Einheiten zusammenwachsen lässt. Bitten Sie ihn, jedem zu
helfen, die eigene Berufung besser zu verstehen.

*Nachdem Sie die Übung ermittelt haben, die für Sie am hilfreichsten ist, um Ihre
Berufung zu finden und auszuleben, finden Sie auf den nächsten Seiten Hilfen
zur Umsetzung. Lesen Sie die fünf praktischen Übungen durch und machen Sie
wenigstens eine davon im Laufe des nächsten Monats.*

Einheit 5: Folgen Sie Ihrer persönlichen Berufung

Gott hat Sie dazu berufen zu leiten – und er will, dass Sie Ihre Führungsfähigkeit dazu einsetzen, sein lebenswichtiges Werk in dieser Welt zu verwirklichen. Leiter, die im Herzen verstanden haben, wozu Gott sie in dieser Welt berufen hat – und die dann „vom Hier zum Dort" streben –, begeben sich auf das großartige Abenteuer, das Gott für ihr Leben bereithält!

Alle anderen Einheiten von „Führungs-Kraft" handeln davon, wie man leiten kann. Die Einheit über Berufung handelt davon, wo oder warum man leitet. Der Apostel Paulus schreibt in seinem Brief an die Gläubigen in Ephesus: „Denn wir sind Gottes Schöpfung. Er hat uns in Christus Jesus neu geschaffen, damit wir zu guten Taten fähig sind, wie er es für unser Leben schon immer vorgesehen hat" (Epheser 2,10; NL). Ihre Energie als Leiter ist auf ein bestimmtes Thema, einen Prozess oder eine Sache gerichtet, die Gott schon immer für Ihr Leben vorgesehen hat.

Manchmal deckt sich unsere Berufung genau mit unserem Job. In anderen Fällen bringen wir unsere finanziellen Bedürfnisse und die Befriedigung durch den Beruf nicht unter einen Hut. Sie sollten sich nicht entmutigen lassen, wenn das bei Ihnen der Fall ist. Sie können Ihre Berufung auch in der Familie, als ehrenamtlicher Mitarbeiter oder bei einer Teilzeitstelle ausleben. Ganz gleich, ob Sie Ihre Berufung in Beruf oder Ehrenamt leben, Ihre Führung wird etwas bewirken!

Nehmen Sie Ihre Berufung an und geben Sie als Leiter in jedem Bereich Ihr Bestes. Machen Sie eine oder mehrere der nachfolgenden praktischen Übungen, um Ihre Berufung zu entdecken, zu erproben und zu beurteilen.

PRAKTISCHE ÜBUNGEN

Folgen Sie Ihrer persönlichen Berufung

DIE EIGENE BERUFUNG ERKENNEN | S. 120

Wenn Sie gerade erst anfangen, sich über Ihre Berufung Gedanken zu machen, oder wenn Sie das Gefühl haben, Gott möchte Sie in eine andere Richtung führen, hilft Ihnen diese Übung, neue Bereiche für Ihre Führung zu entdecken.

DIE EIGENE BERUFUNG ERKUNDEN | S. 123

Führen Sie diese Übung durch, wenn Sie zwar ahnen, was Ihre Berufung ist, aber noch tiefer einsteigen möchten und Bestätigung für die Richtung brauchen, die Sie eingeschlagen haben.

DIE ÜBEREINSTIMMUNG MIT DER BERUFUNG PRÜFEN | S. 125

Diese Übung soll Ihnen helfen zu beurteilen, wie weit Ihre Berufung mit Ihrer jetzigen Lebenssituation und Ihrer Aufgabe am Arbeitsplatz oder in der Gemeinde übereinstimmt.

ÄNGSTE ERKENNEN UND ÜBERWINDEN | S. 127

Wenn Sie Angst haben, Ihrer Berufung zu folgen, hilft Ihnen diese Übung, herauszufinden, woher die Angst kommt und wie Sie sie überwinden können.

PRAKTISCHE ÜBUNG

Die eigene Berufung erkennen

Wenn Sie gerade erst anfangen, sich über Ihre Berufung Gedanken zu machen oder wenn Sie das Gefühl haben, Gott möchte Sie in eine andere Richtung führen, dann verabreden Sie sich mit einem Freund oder Mentor, um über Ihre Berufung zu sprechen und darüber, wie Sie erkennen können, was Gott von Ihnen möchte.

1. Machen Sie wenigstens eine der nachfolgenden Kurz-Übungen.

2. Machen Sie sich über das Ergebnis der Übungen Gedanken und schreiben Sie Ihre Erkenntnisse auf.

3. Treffen Sie sich mit einem Freund oder Mentor, um über Ihre Erkenntnisse und Eindrücke zu sprechen.

KURZ-ÜBUNGEN

Persönliche Einschätzung

Bill Hybels sagt, dass Ihre Berufung mit Ihren Begabungen (Fähigkeiten oder Stärken), Ihren (geistlichen) Gaben und der Leidenschaft übereinstimmt, die Gott Ihnen gegeben hat. Notieren Sie sich Ihre Gedanken zu den folgenden Fragen:

- Welche praktischen Gaben haben Sie? In welchen Bereichen haben Sie eine Aus- oder Fortbildung (z. B. Buchführung, Medizin, Zimmerer)?

- Was können Sie gut? Schreiben Sie Ihre drei bis fünf größten Stärken auf. Das Buch „Entwickle deine Stärken" von Tom Rath kann Ihnen dabei helfen, Ihre Stärken herauszufinden.

- Welche Geistesgaben haben Sie? Wenn Sie Hilfe brauchen, um Ihre Geistesgaben herauszufinden, können Sie die Bewertungsbögen aus dem „D.I.E.N.S.T.-Teilnehmerbuch" von Bruce Bugbee und Bill Hybels (Gerth Medien) nehmen.

- Haben Sie ein klares Bild von Ihrer persönlichen Leidenschaft/Passion? Sehen Sie sich noch einmal an, welche Themen Sie auf S. 114 angekreuzt haben, und notieren Sie Ihre Erkenntnisse.

Entwicklungen im Leben entdecken

Ziehen Sie eine „Lebenslinie" mit den Höhen und Tiefen Ihres Lebens und anderen Mustern, die Sie erkennen. Finden Sie heraus, welche Ereignisse und Erfahrungen Sie geprägt haben. Was verrät Ihnen Ihre Lebensgeschichte über Ihre Berufung?

Was die Tagesnachrichten Ihnen verraten

Wenn Sie die Nachrichten sehen oder lesen: Welche Themen fallen Ihnen dann besonders auf? Bei welchen Berichten oder Ereignissen schlägt Ihr Herz schneller? Worauf reagieren Sie besonders emotional – mit Wut, Frust oder Freude? Welchen Zusammenhang könnte es zwischen diesen Ereignissen und Ihrer Berufung geben?

FRAGEN ZUM NACHDENKEN

- Was haben Sie über Ihre Berufung gelernt?

- Nehmen Sie sich etwas Zeit, und bitten Sie Gott, in Ihre Überlegungen hineinzusprechen. Was sagte er Ihnen vielleicht über Ihre Berufung?

- Welche Fragen bezüglich Ihrer Berufung könnten Sie mit einem Freund oder Mentor besprechen? Schreiben Sie auf, was Sie gern fragen würden.

Diese Übung kann eineinhalb bis drei Stunden dauern, je nachdem, wie gründlich Sie reflektieren und wie lange das Treffen mit Ihrem Freund oder Mentor dauert.

STOPP:

Gehen Sie zu „Und jetzt?" auf Seite 137, wenn Sie mit dieser Übung fertig sind. Dort finden Sie weitere Anregungen, Schritte und Hilfsmittel.

PRAKTISCHE ÜBUNG

Die eigene Berufung erkunden

Manchmal glauben wir zu wissen, was unsere Berufung ist. Doch wenn wir sie weiter erkunden, kann das die Richtung, in der wir unterwegs sind, bestätigen.

1. Machen Sie eine oder mehrere der nachfolgenden Kurz-Übungen.

2. Denken Sie über die Ergebnisse nach und schreiben Sie Ihre Erkenntnisse auf.

3. Verabreden Sie sich mit einem Freund oder Mentor und sprechen Sie über Ihre Berufung und wie Sie sich sicher sein können.

KURZ-ÜBUNGEN
Unternehmen Sie eine Exkursion

Gehen Sie dorthin, wo Sie etwas, das Sie interessiert, hautnah erfahren können. Welche Wirkung hatte diese Erfahrung auf Sie?

Treffen Sie sich mit jemandem

Treffen Sie sich mit jemandem, der auf einem Gebiet arbeitet, das Ihrer Berufung sehr ähnlich ist, um mehr zu erfahren. Schreiben Sie auf, was Sie gelernt haben.

Lesen Sie ein Buch/Schauen Sie sich eine Bildungssendung an

Lesen Sie eines oder mehrere Bücher über Themen, die Sie interessieren, oder schauen Sie sich eine Bildungssendung dazu an. Hat sich Ihr Interesse noch vertieft? Haben Sie weitere Fragen? Können Sie sich vorstellen, sich in diesem Bereich zu engagieren? Schreiben Sie Ihre Gedanken auf.

Schauen Sie einen Film an

Erforschen Sie die Lebensgeschichten anderer mithilfe von Filmen, oder schauen Sie sich Dokumentarberichte zu Themen an, die einen Bezug zu Ihrer Berufung haben. Wächst Ihr Interesse oder nimmt es ab? Schreiben Sie Ihre Gedanken auf.

FRAGEN ZUM NACHDENKEN

- Was haben Sie über Ihre Berufung erfahren?

- Bitten Sie Gott, in Ihre Gedanken zu sprechen. Was, glauben Sie, sagt er zu Ihnen über Ihre Berufung?

- Welche Fragen zu Ihrer Berufung könnten Sie mit einem Freund oder Mentor besprechen? Schreiben Sie die Fragen auf, über die Sie gern sprechen würden.

Diese Übung kann von einer Stunde bis zu einem Tag dauern, je nachdem, welche Übung Sie ausgewählt haben und wie lange das Treffen mit Ihrem Freund oder Mentor dauert.

STOPP:

Gehen Sie zu „Und jetzt?" auf Seite 137, wenn Sie mit dieser Übung fertig sind. Dort finden Sie weitere Anregungen, Schritte und Hilfsmittel.

VISIONÄR

SELBST

ZWISCHEN
MENSCHLICH

ORGANISATORISCH

BERUFUNG

PRAKTISCHE ÜBUNG

Die Übereinstimmung mit der Berufung prüfen

Wenn Sie momentan eine Aufgabe haben, die sich fast mit Ihrer Berufung deckt, können Sie den Grad der Übereinstimmung in dieser Übung bewerten.

1.   Machen Sie die nachfolgenden Übungen.

2.   Denken Sie über das Ergebnis nach und schreiben Sie Ihre Gedanken auf.

3.   Verabreden Sie sich mit einem Freund oder Mentor, um über Ihre Auswertung und mögliche nächste Schritte zu sprechen.

ÜBERPRÜFEN SIE DIE ÜBEREINSTIMMUNG

Bewerten Sie Ihre gegenwärtige Rolle in Beruf, Gemeinde und privat, indem Sie in der Tabelle Bereiche notieren, die eine hohe bzw. geringe Übereinstimmung mit Ihrer Berufung haben.

DIESE BEREICHE DECKEN SICH MIT MEINER BERUFUNG	DIESE BEREICHE DECKEN SICH NICHT MIT MEINER BERUFUNG

Wie könnten Sie Ihr Leben stärker mit Ihrer Berufung in Einklang bringen?

•   Wie könnten die einzelnen Schritte aussehen, um eine größere Übereinstimmung zu erreichen?

•   Brauchen Sie eine Fortbildung oder müssen Sie andere Erfahrungen machen, um Ihr Leben mit Ihrer Berufung in Einklang zu bringen?

- Ist es möglich, in Ihrer jetzigen Aufgabe oder bei Ihrem jetzigen Arbeitgeber eine größere Übereinstimmung zu erzielen, oder müssen Sie etwas verändern?

WERTEN SIE IHREN KALENDER AUS

Womit wir unsere Zeit verbringen, zeigt uns, ob unser Leben mit unserer Berufung übereinstimmt. Schauen Sie sich an, welche beruflichen und privaten Termine im vergangenen Monat in Ihrem Kalender standen. Wie viele dieser Termine haben einen Bezug zu Ihrer Berufung? Schreiben Sie auf, wie Sie Ihren Kalender besser mit Ihrer Berufung in Einklang bringen könnten.

FRAGEN ZUM NACHDENKEN

- Wie weit stimmt Ihre momentane Lebenssituation mit Ihrer Berufung überein?

- Was könnten Sie verändern, damit beides stärker übereinstimmt?

- Was würden diese Veränderungen mit sich bringen? (Bedenken Sie dabei verschiedene Bereiche Ihres Lebens, wie z. B. Familie, Beruf, Bildung, Einkommen, Wohnsituation.)

- Welche Fragen bezüglich Ihrer Berufung könnten Sie mit einem Freund oder Mentor besprechen? Schreiben Sie die Fragen auf, die Sie gern besprechen möchten.

Diese Übung kann eineinhalb bis drei Stunden dauern, je nachdem, wie gründlich Sie reflektieren und wie lange das Treffen mit Ihrem Freund oder Mentor dauert.

STOPP:

Gehen Sie zu „Und jetzt?" auf Seite 137, wenn Sie mit dieser Übung fertig sind. Dort finden Sie weitere Anregungen, Schritte und Hilfsmittel.

VISIONÄR

SELBST

ZWISCHEN-
MENSCHLICH

ORGANISATORISCH

BERUFUNG

PRAKTISCHE ÜBUNG

Ängste erkennen und überwinden

Auf der DVD meinte Bill Hybels, dass Angst oft das größte Hindernis ist, weshalb viele Menschen Ihre Berufung nicht leben. Wenn Sie dieser Aussage zustimmen oder Gott Sie in diesem Teil der Einheit angesprochen hat, dann hat Gott Sie vielleicht schon auf eine bestimmte Sache oder Situation hingewiesen, aber Sie sind seinem Ruf noch nicht gefolgt, weil Sie vor etwas ganz Bestimmtem Angst haben, mit dem Sie sich auseinandersetzen müssen.

Sie befinden sich übrigens in bester Gesellschaft. Wenn wir in die Bibel schauen, merken wir immer wieder, dass Gott Menschen häufig zu Dingen beruft, die ihnen zu groß vorkommen. Und das macht ihnen Angst. Nehmen wir z. B. Mose. In 2. Mose 3 und 4 wird davon berichtet, dass Mose einen gigantischen Marschbefehl von Gott erhält: Er soll das Volk Israel aus der ägyptischen Gefangenschaft in das verheißene Land führen. Schauen Sie sich einmal die Liste von Ausreden an, mit denen Mose begründet, warum er nicht der Richtige für den Job ist.

- „Wer bin ich, dass ich das tun sollte?" (2. Mose 3,11)

- „Was ist, wenn sie mir nicht glauben, dass das von dir kommt?" (2. Mose 3,13)

- „Was ist, wenn ich nicht die nötigen Fähigkeiten für die Aufgabe habe?" (2. Mose 4,10)

- „Bitte, schick jemand anderen!" (2. Mose 4,13)

Gott kümmerte sich sehr liebevoll und gnädig um jede einzelne von Moses Sorgen. Und Mose folgte Gottes Ruf trotz seiner Ängste – und führte Millionen von Israeliten in die Freiheit.

Wenn Sie Teil von Gottes großartigem Werk in dieser Welt sein wollen, dann besteht die hilfreichste Übung für Sie vielleicht darin, die Ängste zu erkennen, zu ergründen und zu überwinden, die Sie davon abhalten, Gottes Ruf für Ihr Leben zu folgen.

SCHRITT 1: GEBEN SIE IHRER BERUFUNG EINE STIMME

Wenn es keine Ängste oder sonstigen Hindernisse gäbe: Was wäre dann wohl Gottes Berufung für Sie? Wo haben Sie sein leises Reden ignoriert? Schreiben Sie Ihre Gedanken hier auf.

SCHRITT 2: FINDEN SIE DIE URSACHE FÜR IHRE ANGST HERAUS

Nachfolgend sind einige weit verbreitete Ängste aufgeführt, die Hindernisse für Leiter darstellen. Lesen Sie die Beschreibungen und achten Sie auf Ihre Reaktion.

Sicherheitsbedürfnis: Angst um die persönliche Sicherheit (körperlich, geistig, emotional oder geistlich); Angst um die finanzielle und materielle Sicherheit für sich selbst und die Familie.

Fähigkeiten und Selbstvertrauen: Die Angst, die eigenen Fähigkeiten reichten für die Aufgabe nicht aus; die Angst, der Aufgabe wegen anderer Verpflichtungen nicht gewachsen zu sein – in der Familie oder anderswo.

Bestätigung und Annahme: Die Angst, andere könnten die Berufung nicht akzeptieren oder bestätigen; die Angst, von Menschen zurückgewiesen zu werden, die einem nahestehen.

Welche der hier aufgeführten gängigen Ängste stellen für Sie am ehesten ein Hindernis dar, das Sie davon abhält, Ihrer Berufung zu folgen?

Welche anderen Ängste halten Sie zurück?

Wo haben Erfahrungen oder Versagen in der Vergangenheit zu dieser Angst beigetragen?

Was wäre das Schlimmste, das passieren könnte, wenn Sie Ihrer Berufung von ganzem Herzen folgen?

Was wäre das Schönste, das passieren könnte, wenn Sie Ihrer Berufung von ganzem Herzen folgen?

SCHRITT 3: AUS GOTTES PERSPEKTIVE BETRACHTEN

Wenn wir Angst haben, ist es manchmal hilfreich, uns an Gottes Wahrheit zu erinnern. Diese Übung soll Ihnen helfen, Gottes leises Reden zu erkennen. Genau wie Gott Mose geantwortet und ihn ermutigt hat, wird er auch auf Ihre Ängste mit seiner ausreichenden Versorgung antworten.

Lesen Sie die Bibelverse in der linken Spalte und streichen Sie die an, die Sie besonders ansprechen. Inwiefern kann es Ihnen helfen, sich Ihren Ängsten zu stellen, wenn Sie sich diese Wahrheiten wirklich zu eigen machen? Schreiben Sie Ihre Gedanken in die rechte Spalte.

BIBELVERSE ÜBER ANGST	EIGENE GEDANKEN
Doch wenn ich Angst habe, vertraue ich dir. (Psalm 56,4; NL)	
Sorgt euch um nichts, sondern betet um alles. Sagt Gott, was ihr braucht, und dankt ihm. Ihr werdet Gottes Frieden erfahren, der größer ist, als unser menschlicher Verstand es je begreifen kann. Sein Friede wird eure Herzen und Gedanken im Glauben an Jesus Christus bewahren. (Philipper 4,6–7; NL)	
Ich lasse euch ein Geschenk zurück – meinen Frieden. Und der Friede, den ich schenke, ist nicht wie der Friede, den die Welt gibt. Deshalb sorgt euch nicht und habt keine Angst. (Johannes 14,27; NL)	
Auch wenn ich durch das dunkle Tal des Todes gehe, fürchte ich mich nicht, denn du bist an meiner Seite. Dein Stecken und Stab schützen und trösten mich. (Psalm 23,4; NL)	
Ich sage dir: Sei stark und mutig! Hab keine Angst und verzweifle nicht. Denn ich, der Herr, dein Gott, bin bei dir, wohin du auch gehst. (Josua 1,9; NL)	
Deshalb sorgt euch nicht um morgen, denn jeder Tag bringt seine eigenen Belastungen. Die Sorgen von heute sind für heute genug. (Matthäus 6,34; NL)	
Ich betete zum Herrn, und er antwortete mir und befreite mich von allen meinen Ängsten. (Psalm 34,4; NL)	

VISIONÄR

SELBST

ZWISCHEN-
MENSCHLICH

ORGANISATORISCH

BERUFUNG

*Sorgt euch nicht um Alltägliches – ob ihr
genug zu essen oder anzuziehen habt,
denn das Leben besteht aus weit mehr
als Nahrung und Kleidung. Seht die
Raben an. Sie brauchen nicht zu säen, zu
ernten oder Vorratsscheunen zu bauen,
denn Gott ernährt sie. Und ihr seid ihm
doch weit wichtiger als irgendwelche
Vögel! Können all eure Sorgen euer Leben
auch nur um einen einzigen Augenblick
verlängern? Natürlich nicht! Und wenn
euer Sorgen schon in so geringen Dingen
nichts bewirkt, was nützt es da, sich um
größere Dinge zu sorgen?*
(Lukas 12,22–26; NL)

*Bring deine Sorgen vor den Herrn, er
wird dir helfen. Er wird nicht zulassen,
dass der Gottesfürchtige stürzt und fällt.*
(Psalm 55,23; NL)

*Denn ich bin der Herr, dein Gott. Ich
nehme dich an deiner rechten Hand und
sage: Hab keine Angst! Ich helfe dir. Israel,
du kleines Volk, das von Jakob abstammt,
hab keine Angst, auch wenn du schwach
bist und völlig hilflos. Ich helfe dir; ich,
der Herr, der heilige Gott Israels, bin dein
Befreier.* (Jesaja 41,13–14, Hfa)

*Gott ist unsre Zuflucht und unsre Stärke,
der uns in Zeiten der Not hilft.*
(Psalm 46,2; NL)

*Der Herr, dein starker Gott, der Retter,
ist bei dir. Begeistert freut er sich an dir.
Vor Liebe ist er sprachlos ergriffen und
jauchzt doch mit lauten Jubelrufen über
dich.* (Zefanja 3,17; NL)

Wenn Sie glauben, dass ein ganz bestimmter Vers oder mehrere Verse Ihnen helfen können, sich Ihren Ängsten zu stellen, dann schreiben Sie ihn/sie auf eine Karte und hängen Sie ihn/sie an eine gut sichtbare Stelle (am Schreibtisch, an den Badezimmerspiegel etc.). Auf diese Weise erinnern diese Verse an Gottes Perspektive in diesem Bereich Ihres Lebens.

SCHRITT 4: SPRECHEN SIE MIT GOTT DARÜBER

Wenn wir Gottes Ruf folgen, garantiert uns das noch lange keinen „weltlichen" Erfolg. Aber ganz gleich, was passiert, er hat uns versprochen bei uns zu sein, wenn wir ihm folgen. Gleichgültig, an welchem Punkt auf Ihrer Glaubensreise Sie sind, es wird wahrscheinlich Momente geben, an denen die Angst es Ihnen schwer macht, Gottes Führung zu folgen. Nehmen Sie sich jetzt einen Augenblick Zeit, und bitten Sie ihn um Klarheit und Mut in dem Bereich Ihrer Berufung, in dem Sie am meisten Angst haben. Geben Sie Ihre Angst an ihn ab. Wenn es Ihnen hilft, können Sie Ihr Gebet hier aufschreiben.

Gott, heute überlasse ich dir meine Angst vor

SCHRITT 5: NEHMEN SIE SICH VOR, SICH IHREN ÄNGSTEN ZU STELLEN

Manchmal können kleine Schritte hilfreich sein, um die eigenen Ängste anzugehen und dem Weg der Berufung weiterzufolgen. Die nachfolgenden Vorschläge sollen deshalb ein Anfang sein. Markieren Sie einen Vorschlag, der Ihnen helfen könnte. Und wenn keiner davon wirklich passt, schreiben Sie Ihren eigenen auf.

WENN IHRE ANGST MIT IHREM
SICHERHEITSBEDÜRFNIS ZU TUN HAT ...

... DANN NEHMEN SIE SICH FOLGENDES
VOR: SPANNEN SIE IHRE EIGENEN SICHER-
HEITSNETZE, UM SO INNERLICH RUHE
ZU FINDEN.

- Verabreden Sie sich mit einem
  Finanzplaner, und erstellen Sie ein
  Budget, mit dem Sie Ihrer Berufung
  nachgehen können.

- Überlegen Sie sich Möglichkeiten zum
  Fundraising, um das nötige Budget
  zusammenzubekommen.

- Holen Sie Informationen ein über
  mögliche Sicherheitsrisiken im
  Zusammenhang mit Ihrer Berufung
  und wie man sie entschärfen kann.

- Wenn bei Ihrer Berufung begründete
  Sorge um Ihre leibliche Sicherheit
  besteht:

    - Verfassen Sie ein Testament
      oder andere Dokumente, um Ihre
      Sorgen anzugehen.

    - Schließen Sie eine Lebensversiche-
      rung ab.

- Andere:

  _____

VISIONÄR

SELBST

ZWISCHEN-
MENSCHLICH

ORGANISATORISCH

BERUFUNG

WENN IHRE ANGST MIT IHREN
FÄHIGKEITEN ODER IHREM
SELBSTVERTRAUEN ZU TUN HAT ...

... DANN VERABREDEN SIE SICH
MIT ANDEREN.

- Verabreden Sie sich mit Menschen, die
  Sie gut kennen, zum Kaffee oder zum
  Essen. Fragen Sie sie, was ihrer Ansicht
  nach Ihre größten Stärken sind – und
  welche Stärken Ihnen helfen, wenn Sie
  Ihrer Berufung folgen. Bitten Sie sie,
  mit Ihnen gemeinsam zu überlegen,
  wie Sie Hindernisse überwinden
  können.

- Verabreden Sie sich mit Menschen,
  die in dem Bereich tätig sind, in dem
  Ihre Berufung liegt. Fragen Sie sie, mit
  welchen Fähigkeiten und Berufserfah-
  rungen sie diese Arbeit angefangen
  haben.

- Belegen Sie einen Kurs oder ein
  Seminar, um Ihre Fähigkeiten und
  Kenntnisse zu verbessern, wo nötig.

- Machen Sie einen Glaubensschritt.
  Versuchen Sie, ob Sie in der Lage sind,
  die nötigen Fertigkeiten in der Praxis
  zu erlernen.

- Andere:
  _____

WENN IHRE ANGST MIT ZUSTIMMUNG ODER ANNAHME ZU TUN HAT ...

... NEHMEN SIE ANDERE MIT INS BOOT – UND BLEIBEN SIE STANDHAFT.

- Beziehen Sie andere durch Gespräche ein. Helfen Sie ihnen, aus erster Hand zu erleben, wie es aussieht, wenn Sie Ihrer Berufung folgen. Auf diese Weise werden sie Ihre Vision besser verstehen.

- Finden Sie heraus, warum eine Ihnen nahestehende Person Ihre Berufung nicht akzeptiert. Hat diese Person recht? Wäre sie bereit, mit ihrem Urteil zu warten, bis Sie Ihre Berufung ausprobiert haben?

- Bleiben Sie standhaft, auch wenn andere nicht einverstanden sind. Denn Gott ist treu und steht Ihnen zur Seite – und letztlich brauchen Sie nur seine Zustimmung.

- Andere:

  _____

Suchen Sie sich, wenn nötig, professionelle Hilfe mit Ihren Ängsten und Sorgen

Wenn Sie große Angst haben und Ihnen keiner dieser Schritte möglich erscheint, sollten Sie sich mit einem ausgebildeten Berater treffen, der darauf spezialisiert ist, Menschen zu helfen, ihre Ängste zu überwinden. Er kann Ihnen helfen, Ihre Ängste zu verstehen und auf einer tieferen Ebene aufzuarbeiten. Verpassen Sie wegen Ihrer Ängste nicht Ihre Berufung! Es ist Ihre Zeit und Ihr Geld wert, die tiefer liegenden Probleme zu verstehen, damit Sie anfangen können, das Leben zu leben, zu dem Gott Sie berufen hat!

SCHRITT 6: NEHMEN SIE SICH DEN NÄCHSTEN SCHRITT VOR

Nehmen Sie sich vor, in den nächsten 30 Tagen einen dieser praktischen Schritte anzugehen, um sich Ihren Ängsten zu stellen. Schreiben Sie sich Ihren Plan hier auf, und zeigen Sie ihn einem Freund oder Mentor, der Sie auf dem Weg ermutigen kann.

Mein nächster praktischer Schritt ist:

Ich werde meinen Plan

zeigen.

Ich werde meinen Plan bis

umsetzen.

Diese Übung kann eine bis zwei Stunden dauern, je nachdem, wie gründlich Sie reflektieren.

STOPP:

Gehen Sie zu „Und jetzt?" auf Seite 137, wenn Sie mit dieser Übung fertig sind. Dort finden Sie weitere Anregungen, Schritte und Hilfsmittel.

Sie sind am Ende der Einheiten angelangt. Sie sind in die Richtung weitergegangen, in die Gott Sie geführt hat, und jetzt wird es Zeit, Ihre Verantwortung als Leiter ernst zu nehmen. Gehen Sie nun den nächsten Schritt in Ihrer Entwicklung als Leiter an, und wenden Sie das an, was Sie gelernt haben.

Bill Hybels meinte, wenn ein Leiter sich seiner Berufung nicht sicher ist, sei es schwer, bis zum Ende durchzuhalten. Es ist einfach zu schwer, die Leitung eines Bereiches innezuhaben, für den man keine Leidenschaft empfindet. Wenn es hart auf hart kommt, braucht man die Gewissheit, dass man wirklich der eigenen Berufung folgt, um durchzuhalten. Bitten Sie Gott, Ihnen zu zeigen, dass Sie am richtigen Platz sind. Suchen Sie die Ermutigung und Unterstützung von Freunden, Mentoren und Ratgebern. Kümmern Sie sich bewusst um Ihre geistliche und körperliche Gesundheit, indem Sie auf geistliche Disziplin und ausreichende Erholungsphasen für den Körper achten. Sie werden wahrscheinlich in den schweren Zeiten Gott am nächsten sein – und sich gerade in diesen als Leiter weiterentwickeln und dazulernen. Verlassen Sie sich auf Gott und vertrauen Sie auf seine Berufung.

Denken Sie auf Ihrer Reise als Leiter immer daran, auf Gott zu hören und sich von ihm führen zu lassen. Vielleicht beruft er Sie für eine bestimmte Zeit zu einer Aufgabe und führt Sie dann zu einer anderen weiter. Er ist ein wunderbarer Koordinator. Er wird Sie in Ihrer Leiteraufgabe ermutigen und Ihnen Kraft geben, wenn Sie mit seiner leisen Stimme und seinem Willen für Ihr Leben im Einklang leben.

MEIN MASSNAHMENPLAN – FOLGEN SIE IHRER PERSÖNLICHEN BERUFUNG

Planen Sie mithilfe der nachfolgenden Tabelle Ihre nächsten Schritte in Sachen Berufung. Müssen Sie Ihre Berufung noch etwas unter die Lupe nehmen, um Bestätigung dafür zu finden, dass Sie in der richtigen Richtung unterwegs sind? Müssen Sie sich selbst noch besser einschätzen oder brauchen Sie eine Weiterbildung, um die nötigen Fähigkeiten zu entwickeln? Oder vielleicht müssen Sie sich ja mit Ängsten oder anderen Themen auseinandersetzen, die Sie zurückhalten. Tragen Sie Ihre nächsten Schritte in die Tabelle ein, überlegen Sie sich eine realistische Deadline und wen Sie noch in Ihren Plan hineinnehmen sollten.

NÄCHSTER SCHRITT	BIS WANN?	WEN EINBEZIEHEN?	WER KANN MIR HELFEN/ MICH COACHEN?